躲不起 惹得起

【提高你的媒体素质】

◎ 张志安　汪　凯＼主编

南方日报出版社
NANFANG DAILY PRESS
中国·广州

图书在版编目（CIP）数据

躲不起惹得起：提高你的媒体素质 / 张志安，汪凯主编. -- 广州：南方日报出版社，2010.4

ISBN 978-7-80652-988-1

Ⅰ. ①躲… Ⅱ. ①张… ②汪… Ⅲ. ①大众传播—传播媒介 Ⅳ. ①G206.2

中国版本图书馆 CIP 数据核字(2010)第 057045 号

躲不起惹得起：提高你的媒体素质　张志安　汪凯　主编

出版发行：南方日报出版社

地　　址：广州市广州大道中 289 号

电　　话：(020) 87373998-8502

经　　销：全国新华书店

印　　刷：广州市怡升印刷有限公司

开　　本：787mm×1092mm　1/32

印　　张：8.25

字　　数：178 千字

版　　次：2010 年 4 月第 1 版

印　　次：2010 年 4 月第 1 次印刷

定　　价：18.00 元

投稿热线：(020) 87373998-8503　读者热线：(020) 87373998-8502

网址：http://www.nanfangdaily.com.cn/press　http://www.southcn.com/ebook

序 >>

难能可贵的尝试

□陆　晔[1]

现代社会，在我们的生活中，大众传媒无所不包、无处不在。报纸杂志是我们最惯常的读物，电视电脑占据我们大部分闲暇时间，巨幅广告牌在我们周围延展，古人“千里眼顺风耳”的奇妙遐思在大众传媒主导的“地球村”里习以为常、司空见惯，“眼见为实”的那个“实”，也常常隔着屏幕。可以说，在今天这个媒体化社会里，尽管一个人完全不了解大众传媒也还不至于寸步难行，但一个人若善于使用大众传媒，自己的生活必然更为便利、精彩。

“媒体素养”，又叫“媒体素质”，是一个舶来品，其中的素养之说，本意是“识读能力”，换句话说，一个不具备识读能力的人，就是通常说的文盲。前面加上“媒体”二字，无非想用来概括一种老百姓在跟大众传媒打交道的时候所具备的“媒体识读能力”，其中最基本的内涵在于，你是否了解各种各样的大众传媒？是否有能力辨别媒体品质的良莠高下？是否能让五花八门的媒体内容为你所用，而

〔1〕 作者为复旦大学新闻学院教授、博导，教育部人文社科重大课题攻关项目“媒介素质教育理论与实践研究”（项目批准号：04JZD00038）首席专家。

不是被媒体牵着鼻子走？“媒体素养”在欧美的发展已有几十年历程，在与大众传媒同步发展的过程中，媒体素养理念从对媒体的批判性解读，演变为参与式的社区行动，即将大众传媒视为现代社会的生活环境而非格调低下、引发社会问题的罪魁祸首，媒体素养强调立足于公众本位，通过“赋权”促进公众通过参与媒体进而达成社会参与的目标。

“媒体素养”这个概念进入中国十年有余。这十余年来，正是中国的大众传媒迅猛发展的阶段，是以互联网为代表的新的媒体技术快速普及的阶段，也是中国社会朝向更加科学、民主、文明、进步的方向发展的阶段。党的十七大提出要“保障人民的知情权、参与权、表达权、监督权”，这“四权”及其实践形态皆与公众对媒体的理解、使用密切相关，在这个意义上，中国“媒体素养”的内涵和特征与世界范围内媒体素养的社会参与目标相一致，无疑是现代社会公民素养的重要组成部分。

这本小书，作为复旦大学信息与传播研究中心和复旦大学新闻学院承担的教育部重大课题攻关项目“媒介素质教育理论与实践研究”实践推广环节的成果之一，力图将“媒体素养”置于现代社会公民素养的培育和发展的大框架下，从大众传媒在老百姓日常生活中影响最大的几个方面着手，立足于公众自身丰富多元的媒体经验，以全新的视角，勾勒出大众传媒在现代社会尤其是在中国社会转型过程中促进经济社会和人的全面发展方面的意义和作用，以期促进中国公众和大众传媒在建设公民社会的互动中相互培育、共同成长。

这只是“媒体素养”中国实践的尝试和开端。路很长，困难很多，因此这一尝试十分难能可贵。

躲不起惹得起——提高你的媒体素质

目录

躲不起惹得起——提高你的媒体素质

目录

导言 >>

我们身边的大众传媒

如果一个古人穿越时空来到现代，最令他感到惊奇的地方之一就是我们的家。他会惊讶于我们捧着一叠叠花花绿绿的纸看得津津有味；那个能传出各种声音的小收音机若是到了他手中，可能紧张得如同捧着个定时炸弹；最令他摸不着头脑的大概要属客厅中央的“魔盒”，他可能会冲上去拼命捶打，想把里面的小人解救出来，也可能吓得远远逃开、缩进角落，害怕自己被这“摄魂大法”吸卷进去。

这样的一个世界——环绕我们的媒体世界，在几百年前，甚至几十年前，尚属天方夜谭。但对于生活在现代的我们来说，却是如此的习以为常。在我们的生活中，各种各样的媒体无处不在，我们和它们打交道的时间也越来越长，我们将它们作为“自然而然”的物件纳入到生活常规之中。但是，再没有什么比“自然而然”的感觉更能阻碍我们的思考了。就如空气，它对于人类是如此重要，但人们在漫长的历史时间里无法意识到它的存在。媒体像空气一样环绕着我们，它们对我们的重要性也许并不比空气逊色太多，但我们极少去省思它。通常的情形是，我们热烈地谈论电视里的节目和明星，却不会谈论电视本身——因为，它太为人所熟悉了！

一 认识媒体

媒体是什么

媒体是帮助我们传递各种信息的工具。我们通常所说的媒体，包括报纸、杂志、广播、电视和网络，更确切地说是大众传媒，它们有一个共同的特点：能将新闻、广告和娱乐等各种内容同时传送给很多人。虽然这些人散落在世界的各个角落，彼此素昧平生，发送这些信息的媒体工作者也不知道他们姓甚名谁，但正是依靠这些媒体，分散在各地的人们一起见证了各种正在发生的历史事件，浸入相似的情绪，同悲同喜。

其实媒体形式包罗万象，人与人之间的交流工具，如电报、电话等，涉及面虽然不像大众传媒那么广，在我们的生活中同样不可或缺；“老式”的媒体，如书本和它的无数“前辈”：帛书、木牍、竹简、铭文、石刻、绳结……再往前推，会一直到猿人的手势、声音、图画等。

媒体并不是什么神秘的东西，虽然它现在常常和精密的科技与复杂的组织相联系。但从本质上看，现代的高科技媒体和人类最早的手势、声音、图画并没有两样，都是当我们想告诉其他人信息时所借助的中介物。如果再把范围扩大一点，我们还会发现更为“另类”的媒体，典型的例子是服饰——虽然我们一般不习惯把它们当媒体看，但有心人却能从中解读出不同的信息和意义。虽然“以衣帽取人”的做法常常导致偏颇，但不可否认，服饰在一定程度上的确能传达出穿着者的某些特征。军人和警察的制服能让我们对其职业一目了然，服饰的样式、颜色、质料等也能让我们对穿着者的喜好和性格多少有些了解。

作为社会性的动物，人是依靠于外界的信息交流来维持精神的正常的。如果一个人没有任何媒体可以凭借，那么他将无法获知外界的信息，这会将人引向精神的失常甚至崩溃，所以单人禁闭可算是监狱中最严重的惩罚。而另一方面，如果长时间、高强度地接触媒体，人也很容易在信息洪流中感到疲劳眩晕。熟知各种媒体的特性，根据自己的需要来与各种媒体打交道，对现代人来说是非常必要的技能。下面我们就来一探几种大众传媒的究竟。

性格迥异的媒体大家庭

大众传媒的性格特质也和人一样，有“先天”和“后天”的成分。

所谓“先天”，主要指媒体采用什么样的技术特性，决定了它们能传递什么种类的信息，比如报纸和杂志能传递文字与图片；广播则传递声音；电视传递声音和图像，当然也能传递文字与图片，只不过读起来稍稍费力了些；网络借助电脑，对上述各类信息的传输都不在话下，更神奇的是它能让这些信息随着你鼠标一点，招之即来，不像前几种媒体必须遵循它们的传输节奏。

而所谓“后天”，立足于人们在使用媒体的过程中渐渐养成的一些习惯，从而与不同媒体相互区隔、分工。后天的特性以“先天”基因为基础，应对环境的变化而不断改变。广播、电视陆续问世后，报纸传送新闻的时效性和直观性相形见绌，却找到一个能发挥自己长处、对方正好有所欠缺的新发展点——深度报道。这一“后天”变化离不开报纸的技术特性——用文字传输、可充分说理、能够被反复阅读，既回应了人们希望了解新闻事件背后错综复杂因素的需求，也是电视和报纸媒体竞争的产物。

为了更加灵活应对各种变化，每种媒体类别都发展成拥有很多成员的大家庭，应时而生的不同媒体成员也“性格迥异”。像是我们在书报亭见到的五花八门的各种报章杂志，打开收音机和电视能接收到的不同频率频道，网络上可以冲浪的海量站点……在我国，大众传媒的发展如何，不同成员的特点又怎样，且让我们慢慢道来。

报纸

“（上班时）一杯茶、一根烟、一张报纸翻一天”，这说的是计划经济时代里，人浮于事的现象。虽说现在报纸的种类和版面比过去都大大增多，在一个大城市，仅本地日报就有好几种可供选择，还有各种周报。报纸的版面从过去的几个版增加为数十个版乃至上百版，但能守着杯茶、看一整天报的人恐怕没有多少了。原因在于生活的节奏比以往大大加快，人们更习惯于只让报纸占据我们快节奏生活中的一小段时间，报纸也更多地出现在上下班的公车站、拥挤的地铁里，或者排队等待的人手中。

Tips：报纸的种类

现在报纸这一支家族已分化出许多成员，像是按地域可分为全国报、省报、地市报等；按出版周期有日报、几日报（如三日报、五日报）、周报等；按出版时间有晨报、午报、晚报等。午报比较少见，上海曾出现以此作为报名的《新闻午报》，目前已改名为《天天新报》，而且是早晨出报，说明中午读报的阅读习惯是很难培养的。一些地方因为竞争激烈，晚报和晨报同时上报摊，早已徒有“晚报”之名了。针对不同人群有若干专门报纸，如少年报、青年报、老年报、妇女报等；有些行业也有自己的报纸，近年来财经类、体育类、娱乐类报纸发展比较迅速。

于是，为了携带和阅读的方便，现在的许多报纸都转而采用四开形式，捧在手上不用折叠。有人说，这种大小就是考虑到在公共交通工具上比较好翻页、不至于影响邻座。

现代报纸的排版方式轻松活泼，让人们很容易找到自己想读的内容。版面的设计风格也受近些年来时尚界一直推崇的简洁风格的影响，不再像过去那样追求信息的密度，而是强调简单、美观，便于阅读。当然，这些与报纸排版和印刷技术的进步也是分不开的。几十年前，美国的《华尔街日报》曾有个绰号叫“灰寡妇”，就是形容它的版面密布铅字、缺少变化。过去上海的《新民晚报》，小小的版面上稿件数量很多，排列讲究穿插咬合，虽然显得很紧凑，但却并不方便阅读，也与现代流行的审美观不符。而现在很多报纸都采用醒目标题和彩色图片来吸引眼球，使得人们在短时间情况下也可以通览报纸。报上的文章有长有短，任君择取，感兴趣的细细读过，其他则可以一目十行；有空可认真读完全文，没多少时间就看看标题和导语（一般是每则的新闻第一段）；一下没弄明白的可以再看看，突然想起了可以把看过的再查查。

（《新民晚报》80 年代复刊时的版面）

（《新民晚报》现在的版面）

图：《新民晚报》的新旧版面比较

杂志

在出版周期、外观形式、定价、人们的阅读心态等很多特点上，杂志介于报纸和书籍之间。不像报纸那样，需要面面俱到，杂志大多专注于某一领域，能满足人们对特定信息的深度需求，对新鲜事物的反应速度又比书籍来得快，可以同时补充报纸的信息深度和书籍的时效要求。

相对于报纸，杂志要“小众”得多，细分程度比较高。不要说城市里读着同一份报纸的人看的杂志有很大不同，即使经常一起看电视听广播的家庭成员，都可能各有一块独立的杂志领地。爸爸对汽车杂志上最新款式的跑车啧啧称奇，妈妈则捧着一本旅游杂志神往不已，孩子是个模型迷，正盯着杂志上的模型玩具仔细研究呢。站在报刊亭前，各式各样的杂志真让人眼花缭乱，上至天文，下至地理，大到国家大事，小到家庭琐碎，各种主题都有杂志的身影。忽然瞅到一本，这也办了杂志啊，真是想都想不到。

Tips：杂志的专业化

杂志中有相对综合些的，比如文摘类，可能在全国发行极广；也有的仅限于一个小圈子，从杂志的工作人员到读者都是不同程度的发烧友，从某个外人看来没什么的事物里发展出一种共享的精神。

借助这类专业性很强的杂志，一些本来觉得遥远而神秘的东西我们也得以见见端倪、学两句行话，甚至随着越来越深入的了解成为这方面的“专家”。

现在很多杂志都图文并茂、印刷精美。竞争激烈的时尚类杂志，在比拼内容、举办各种活动之外，随刊赠送的小礼物也争奇斗艳，有时甚至超出杂志定价，也算是另一道风景了。

广播

广播是以声音作为信息传递介质的媒体。虽然今天不少人会觉得广播相对于电视等媒体而言不够生动，但在最初出现的那些年，它曾带给人们极大的震撼。1938 年的万圣节来临之际，美国导演兼演员奥森·韦尔斯心血来潮，将科幻小说《星际战争》改编成广播剧播出。通过各种声音效果，韦尔斯活灵活现地展示了“火星人入侵地球”的大灾难场面。在播出中途，广播员几次声明这只是虚拟戏剧，但还是让许多人产生了巨大的恐慌，他们有的开着汽车仓皇逃命，有的被树影吓得半死，有的疯狂地往警察局和报社打电话报信或求援。显然，广播由于加入了来自现场的声音，比起作为记者转述的文字，显得更加真实可信，更有感染力。

广播的另一个突破是，使人们在接触媒体的时候变得更自由。人们在阅读报刊时或坐或站，总是处于相对静止的状态，即使是把报刊搁在某些地方，让双手能暂时得空，也很难在阅读的同时一心二用。听广播则不然，人们很少正襟危坐、专门去听广播，而是常常可以同时做些其他事情。老年人一边晨练，一边听广播，家庭主妇一边做家务，一边听广播，高架桥上的司机也靠广播打发无聊的堵车时间，在这样的状态下，一个耳朵进一个耳朵出也就不是什么稀奇事了。所以广播的文稿一般写得比较口语化，通俗易懂，有些重要信息就采取重复播出的方法，让人们听到的几率变大。不过也有让人觉得不自由的地方，只能跟着播出顺序走，不能想听哪段就直接跳到那儿，不太想听的也得捺着性子听完。

随着电视、网络的普及发展，广播曾一度处于低潮期，现在因应一些外在变化又有了较大起色，像是老年人口的增加、城市化的推进、私人汽车数量的增长等，人们对广播有了进一步需求，新闻台、交通台、音乐台等专业频道都拥有不少听众。

电视

曾有一部动画短片，讲的是主人公因为特殊机缘进入了电视世界。在电视世界里，他与坏人决斗，两个人举起手里的东西指向对方，迅速地按下他们手里握的——不是枪，而是电视遥控器。这个人按一下，两人陷入茫茫大漠，一阵强风卷着黄沙向对方袭来；那个人按一下，两人又来到尚未开化的原始丛林，一群食人族拿着各种武器向对方追去……

作者的想象力逗得人哈哈大笑，既能传输声音又能传输图像的电视的确有让人身临其境的魔力。人们只需轻轻按动遥控器，就能来到一个个在物理距离上和我们相隔很远、没法亲自跑过去的地方。神舟六号宇宙飞船的发射现场，戒备森严，坐在电视机前，我们却可以和工程师们一起屏息静待。战后的伊拉克，社会秩序怎样恢复、人民生活如何维系，坐在电视机前，就有前方记者为我们一一展现。世界杯球赛，亲临观看对大多数球迷来说都是身不能至心向往之，没关系，邀上三五好友，拿着啤酒坐到电视机前，一样能为心爱的球队呐喊助威。记者的明查暗访，也使许多我们平时难以察觉的“黑幕”透过电视屏幕暴露出来。俗话说得好，百闻不如一见，这一见之下，不明白的容易明白了，难相信的不得不信了，见得多了“识”也跟着广起来。

电视直播尤其具有吸引力，可以同步见证事情的发生经过，特别是不知道会有怎样的结局时，人们会守着电视机一直看下去。电视专业频道的发展，也使喜欢某些内容的观众能更容易找到并“饱览”自己爱看的节目。关心国家大事的尽可以锁定新闻频道；不愿落下各种比赛的就盯紧体育频道的时间表；爱看电影电视剧的，得空了一天能在影视频道看好几部剧集；要听音乐、赏舞蹈，看动画片、纪录片，练英文听力的，也都能各自找到合适的频道。国外甚至有了专供宠物观看的频道，由宠物用品商赞助，不知道经常看这个频道的宠物们去商店的时候会不会叫唤着认牌消费。

Tips：数字电视

相比以前通行的模拟电视，数字电视的视觉效果更好，因为其信号传输抗干扰能力强，所以图像更清晰、音效更逼真；并且能收看到更多的频道，甚至有几百个电视频道可供选择；还可以用电视机做更多事情，比如点播自己想看的节目、上网、交易股票等。

网络

网络和上述几种大众传媒有所不同，可以兼容多种传播可能性，能够同时作为人际传播、组织传播、大众传播等传播形式的平台。网络和上述媒体分别“嫁接”出网络报纸、网络广播、网络电视等。并不是把原有报纸、广播、电视的内容搬到网络上播发就算大功告成，网络可以使原先只能旁观、旁听媒体内容的普通人参与进来，根据自己的个性化需求充分接触各种资讯，也能尝试制作发布信息并和其他人分享。就算是几百版（页）的报刊、24 小时播出的广播电视节目，容量也一定限制，而且必须按照一定顺序接受，人们只能在这个圈定的范围内兜兜转转。但联网之后，就不一样了，一篇文章读到一半，觉得里面有个人物似乎很有趣，在搜索引擎中键入他的大名，噼里啪啦，马上可以跳到他的传记资料。中间读到的一件事好像内有玄机，没关系，接着查。这网页不错，还配了当时的新闻照片。嗬，还有人根据它创作了部电影，看看别人的评价，嗯，好像挺好看的呀，那赶紧搜这部电影的下载地址。不经意间，可能已经到了最初看到信息的十万八千里之外。网络的乾坤挪移术比电视更加惊人，它能顺着使用者的心意，下一秒马上切换到性质迥异的内容，所以网络的使用有时被称作“拼贴”。它不像以前的媒体按照线性延展，网民们尽可以在不同内容间跳来跳去，充满想象力地把它们拼接到一起。

不仅可以随心所欲地看、听，人们也尽可以自己鼓捣出像模像样的“准媒体产品”，和更多人分享自己的观点与喜好。比如用摄像机或电脑上的摄像头拍摄一段小视频，配上音乐和文字，上传到土豆网等视频网站上，理论上全世界的网民都成了你的观众；在此过程中或许还能遇到海内海外的知己，网络有时真能给我们天涯若比邻之感。

除了个人站点、个人电子报，现在最盛行的当属网络日志，俗称博客（Blog）。2005 年，博客在我国迅猛发展，真是“忽如一夜春风来，千千万万博客开”。拉拉杂杂记记生活流水账的有之，认认真真历经深思熟虑才发表高论的亦有之。博客有时也能传递新闻，让我们听到来自当事人或目击者的声音，正好和其他媒体上的消息参照比对。伊拉克战争期间，还有人专门跑到战场上去写“战地日记”，不少读他日记的人还愿意为此付费，他的博客实质上已经成为个人化的媒体。更多的时候，博客的作用主要是方便人们交流彼此的生活与想法，所以有人将它喻为我们的另一个客厅。

爱舞文弄墨、四处拍照的网络新人可以在博客上大显身手、引人注目，还有些更有技术含量的玩法儿，如迷恋声音的能尝试“播客”，录制节目大加“广播”；热衷影像的能借助 DV、iMovie 等尝试一下做导演的感觉。虽然不是每个人都能达到较高的专业水准，但于自己是完成了某种自我表达，他人也有机会看到、听到更多原生态的信息。在此过程中，人们由单纯的媒体消费者，变成某种程度上的媒体生产者，和媒体结成的关系比以往更深，也更复杂。

二　媒体与我们的生活

和媒体一道生活

每天早晨起床后，睡眼惺松的我们已顺手打开了收音机或电视机。上班的路上会抽空翻翻新买的报纸或是戴上耳机。一天的辛勤工作结束后，当然要好好放松一下身心。过去人们看到电视上出现“再见”二字，才依依不舍地跑去睡觉。现在大量的电视频道 24 小时都在播出节目，网络更是尽职地全年无休，就看你能撑到什么时候了。人们已经如此习惯媒体在生活中的长期陪伴，得了空闲就下意识地跑到媒体世界里畅游一番。

有时，即便不是我们主动选择，也会在各种地方和媒体打上照面。朝市中心广场的大屏幕望两眼，瞄一瞄街边的阅报栏，听到几句广播节目；坐在公共汽车上或是等候电梯时，我们的眼前也可能有电视屏幕在不断播放。不管愿意不愿意，媒体是总在我们身旁，将各式各样的信息和娱乐呈现于我们的眼前和耳边。

现代人早已摒弃了乖乖接受媒体信息的老习惯，家里更多地出现这样一幅画面：歪在沙发上翻着报纸杂志，偶尔抬起头看看电视上的画面，与此同时，客厅一角的电脑正从网上下载等会儿想看的片子。身处自己营造的多媒体环境，一下看看这，一下看看那，进入耳朵的也可能有好几重声音，全凭自己来回切换，也算是种“眼观六路、耳听八方”的神通了。

记得小时候曾有这样的思维训练题，联想纸能用来干吗、杯子能用来干吗之类。想到的用途越多越好，和东西的传统用途离得越远更好。最近一些 MP3 的设计，号称是能用来当发夹、当镜子、当手表等，和儿时的思考题如出一辙，总之是把这个能变成那个、那个又变成这个就对了。在媒体的使用上也不例外，既有技术人员和内容生产者不断尝试推陈出新，又有使用者自己努力寻找适合自己的新花样。另一方面，即使我们普通媒体使用者不刻意标新立异，但接触媒体的原因也五花八门，由于关注点和背景条件的差异，虽然看的是同样的文章、节目，但体验到的东西却大不一样。

同一个节目，有人是因为满心喜欢节目形式而不愿落下，有人是喜欢其主持人而不肯错过，有人是反正也没有别的什么好看的，姑且看看吧；有人是家里人爱看也就跟着看，有人是没有家人来陪就拿节目做伴；有人是一点也不喜欢看，但想找个第二天和同事聊天的话题；有人是看到介绍这个节目现在很火，有那么多人在看，那我也去看个究竟吧，它吸引人的地方到底在哪里。

所以，对同一个节目，有人是两眼瞪得如铜铃，蛛丝马迹都不放过；有人是一边嗑瓜子一边看，漏掉点什么也不可惜；有人是一边做事一边看，断断续续自个儿拼凑；有人则干脆只是打开电视充作背景声，能看个一两眼就不错了。有人是完全融入心情随之高低起伏，有人是“冷眼”旁观不为所动。有人很把它当回事儿，觉得能从里面学到不少东西；有人则完全把它看成闹着玩儿的，工作了一天可真累，就随便看看这不费脑子的吧。由此，在人们的生活中，媒体不仅帮助大家了解外部世界、学习各种知识、和他人共享，还被发展出种种千奇百怪的用途。要是能把它们一一记录下来，这道“媒体能用来做什么”的思维训练题的答案自然是洋洋大观。

还真有人做过这样的调查，他们得到的答案也千奇百怪，其中，既有“欣赏美”、“找乐子”、“想成为消息灵通者”、“获得知识”这样的大众化见解，也有诸如“为了和上帝在一起”、“满足对丑的好奇心”以及“在无须顾及法律的情况下，尽情感受爱与恨”这样的另类而有趣的回答。

其实，“媒体能用来做什么”这个问题，并非像它看上去那么简单。1949 年，美国纽约的报社集体罢工，因此好多天人们都没报纸可看。几位学者把握住这个“天赐良机”，访问了当地的一些居民。学者们提出的问题是：没有报纸看，你感觉如何？受访者中一些人列举了一些不再收到的服务性信息，比如天气预报、晚间电视节目预告、商业信息等等；许多人担心，他们正在失去某些对自己有重要意义的消息。有些人报告说，他隐隐觉得他的生活中好像缺少了什么；还有人则更清楚地表达说，他觉得“失去了同世界的联系，失去了被世界接触的感觉”。后面这两个回答，既合乎常理，又让人良久沉思：我们不难感觉到媒体帮我们做了很多具体的事，比如提供新闻和娱乐。然而，媒体的全部用途和影响难道就仅仅止于这些具体的事情吗？

媒体对我们生活的改变

不妨回想一下，自己每天有多长时间和媒体待在一起？如果标准放得较宽，把没有在意去听去看的时间也加进去，这个数字会是多少；如果标准比较严格，只有以接触媒体为主的时间才计算，这个数字又会是多少？前几年，你每天和媒体待在一起的时间，比现在多还是少？你花在各种媒体上的时间大致是相同，还是差异很大？哪一种媒体最常陪着你，你又对哪一种最少问津？看看结果，以前也是这样吗？你会对这些数字感到吃惊吗？也许这样的计算很难获得一个精确结果，但我们却能借此察觉，媒体在无声无息之中带给生活的改变。

上一节介绍各种媒体的特性时，我们挑了挺多好听的话说，实际上媒体不仅给我们的生活带来很多便捷，同时也引发了不少问题。当我们把越来越多的时间花在接触媒体上，同时减少的是原来做其他事情的时间。在得到的同时，我们又失去了些什么呢？

媒体对人际关系的影响是人们相当关注的问题。特别是在一些大都市，人与人之间冰冷而疏离，缺乏对彼此的了解关心。人们对电视剧中一个虚构的人物，都比对自己的邻居了解得多。看着大街上行色匆匆的人流，有不少戴着耳机，你不知他是想通过电波与世界相联，还是刻意隔离出一方自己的空间。人们最为担心的是，媒体甚至会减少本该与家人朋友相处的时间，使原来亲密无间的人也都变得有些陌生了。虽然媒体有时可以帮我们交朋结友、扩大生活圈子，但不少人对此仍一直持审慎态度，认为经由媒体的交往和亲身接触交流毕竟有所差别，我们为什么每天宁可花那么多时间对着机器，而不愿和身边的人多聊聊呢？

人们已越来越深地依赖媒体了解外部世界，它们“一手遮天”的能力，使一种极端说法得以出笼：媒体没有报道的事就相当于根本没发生过。媒体世界和现实世界的关系问题伴随着媒体产生。媒体本应忠实反映现实世界的原貌，可因媒体对人们巨大的影响力，事情竟然颠倒过来。某些事件自动向更适宜媒体报道的形式靠拢，据说伊拉克战争时美军特意在电视台的黄金时段安排了集中轰炸，以使现场直播更为可观。一些人物也是靠不断作秀、“无事生非”来吸引媒体的聚焦。很多更为重大的问题反而被掩盖忽视，没有在媒体上出现。另一方面，媒体的介入也可能使事件的发展偏离原有轨道，有时是简单的东西复杂化，不相干的都被牵涉进来；有时是复杂的东西简单化，深层因素被忽略，事情都归结到几个表面原因。

还有一个应当得到高度关注的问题，人们在接触媒体时能始终掌握主动吗？还是在某种程度上被迫卷入媒体世界，沉溺其中无法自拔，影响到身心健康？现在报纸、网站都有和手机结合的服务相继推出，用笔记本电脑也可以方便地无线上网。的确，我们随时随地都可以进入状态，在第一时间获知各类资讯，但这“天罗地网”是否有时也会令人感到压抑，必须随时待命、难得喘息？长时间坐在电视机前动也不动的人被称作“沙发土豆”，不仅对身体不太好，还有研究表明这样会降低思考能力。现在，又有了老盯着电脑屏幕的“鼠标土豆”，据说就算离开了电脑，他们看到有下画线的文字也想找个鼠标点一下。而更加严重的便是上网成瘾，不眠不休，造成身体严重负荷、精神恍惚，和现实生活的距离越来越远。

小 结

前面我们提到了各种媒体的一些看家本领，也谈到它们可能会造成的一些问题，并不是一会儿鼓励大家全身心投入媒体世界乐而忘返，一会儿又要吓得大家逃之夭夭。媒体在我们生活中的重要地位已是既成事实，每个人也往往形成了自己和媒体接触的一套方式。但这样的方式给我们的生活带来哪些变化，你喜欢这样的变化吗，为什么？它是否会隐藏着一些问题，是什么样的问题，你打算用些什么方法来加以改善吗？这些值得我们认真思考一番。没有现成的标准答案，这一章的剩余篇幅就由你自己续写了。

媒体还在不断发展，未来它仍会不断带给我们惊喜与考验。你能想象自己的身体中被植入芯片，在某种程度上变成“媒体”吗？你能想象媒体除了传递视觉和知觉信息，还能传送气味甚至让带上电子手套的你感觉触摸到了某种东西吗？对于“媒体能用来做什么”会有更多有创意的答案，这个问题也许会被转化为“什么能用来做媒体”，我们身边的很多东西都可能同时变成一个个收发信息的终端。如果还有一次时空旅行，这次轮到你作为“古人”前往未来，你又会看到些什么景象，将如何作出反应呢？

第一章

镜与灯：媒体世界与现实世界

现代人的世界观深受媒体内容的影响。身边常有这样的人：他们没去过美国，却似乎对美国的事了如指掌，因为他们看国际新闻，看美剧，看有关美国的书籍和杂志……这一切，在他们的脑海中构建了一个“美国”的样子。其实，何止是遥远的异国呢？即便今天交通发达、旅行便利，我们又有多少时间、金钱和精力能用于饱览祖国各地的人文和风景？就算自己生活的城市，我们所能熟悉的，恐怕也只是狭小的一隅。

媒体时代，我们对世界的印象，并非形成于自己的亲身经历，而是形成于媒体所提供的新闻和其他各种内容之中。传播学者麦克卢汉说得好：媒体，是人体的延伸。就如广播，可以看作是人的耳朵的延伸；而电视，则是眼睛的延伸。

电视剧这样的虚构内容也会影响我们对于现实世界的看法。尽管这种影响常常是潜意识的，难以觉察，但其力量或许强大而深远。就有学者发现，媒体暴力对人的影响，并非是简单地诱导人去实施暴力行为，而是改变了人们对于社会现实的看法：越是频繁地接触暴力媒体内容的人，越有可能高估他们现实生活环境中的暴力状况。

不过，在监视环境这一功能上，人们最为关注的仍然是新闻。因为它是现实的社会状况的直接呈现。至少，在意识的层次上，正常人都能很简单地分辨出何为真实，何为虚构——新闻为真实，而电视剧为虚构。在日常生活中，我们凭借新闻来了解世界，哪里有灾难和战争，哪里房价疯长，名人和明星有什么新鲜事，科技取得了什么样的进展……进而，我们在日积月累的新闻信息之流中形成了对于世界的印象。

也许在内心，人们有个根深蒂固的信念：因为新闻是真实的，所以，一篇篇的新闻报道的结合，最终就形成了真实而全面的世界图景。就像那句流传甚广的名言试图启示的：新闻是社会的镜子。既然是镜子，就能毫厘不爽地映照出物体的样子。那么新闻，或者说新闻界，真的能像镜子一样反射出我们这个纷繁复杂的世界吗？

1 媒体里的世界

在读本书之前，你希望媒体新闻是什么样子呢？它应该像一面镜子吗，就像童话白雪公主里的那一面，“魔镜啊魔镜，告诉我这世界长什么样，最重要的事情有哪些”，它显现出哪些东西，你才会觉得满意呢？

“我要知道哪些食品质量不合格，身体健康最重要了；要知道房价波动的详细情况和接下去一段时间的走势，城市生存真是太不容易了；要是因为修路公交汽车改了走法或者调整了发车时间，我得第一时间知道，要保全勤奖；世界杯足球赛要开始了，场上场下，大新闻小花絮，一个都不能少；国家大事、国际问题，咱都关心；不过时尚流行趋势、商场促销活动，哪儿有好吃好玩的，我也想知道……”每个人都会开出自己的一串长长的信息单子。

对照你现在经常接触的媒体，它们提供的新闻能满足你的需求吗？你会觉得哪种做得更好些？就拿食品安全来说，你可能觉得这一家电视台太假了，出了事儿它都不报，你还是从别的地方知道这消息的。这一家报纸还行吧，反正要是工商局质量监督局查出了什么，它会转载通报。另一家杂志不错，有常设的栏目，定期曝光伪劣产品，记者冒危险去暗访调查，拿到的是独家新闻。对你来说，第二家报纸反映了现实吗？而对那一家杂志而言，它又能一网打尽所有应该曝光的东西吗？

我们希望媒体是各种各样的镜子：有时要是显微镜，把更多暗藏的黑幕带到阳光下；有时要是广角镜，能把方方面面都收纳其中；有时要是放大镜，一些我们忽略的小事可能重要得很呢；有时可能还得变凸透镜、凹透镜，使我们的关注聚焦于某一点。这面镜子要很清亮，不带杂色、不染尘埃。但它什么时候该变成特殊的镜片，何种特殊的处理才算反映了原貌，镜子怎样才称得上明澈，不同的人都有自己的一套评价标准。

这倒不是有意为媒体开脱，或是限制它寻求进展的空间，而是因为相比于世界的复杂性，人类的认识能力实在是太渺小了。我们常常批评某人，不该带着“有色眼镜”看问题。但你若稍加反省便可深知，“有色眼镜”这东西，其实人人皆有许多副，只不过因时、因地、因事、因人而异罢了。单个的人尚且如此，那由各式各样的人们组成，并且处于复杂的社会关系的新闻界，自然更让人迷惑。

这样，你是不是发现，用镜子来比喻新闻界，有时候也不太妥帖呢？美国历史上最杰出的报纸专栏作家李普曼就拒绝以镜子来比喻新闻界，他认为媒体更像是探照灯，不断把灯光投向一个个新闻事件，将它们从黑暗中带到明亮处。事件在它漫长的酝酿期往往不会被媒体关注，只有发生了才会得到采访报道。而且这探照灯不太像海上的灯塔，是360度匀速旋转，将相关区域一寸寸一遍遍扫过，而常常是没有什么规律地追逐着一下从这里、一下又从那里冒出的新闻事件。当然也有一点点扫过的媒体，香港一些媒体因为担心遗漏新闻，便派出记者每天在大街上晃荡，每人负责一定区域，俗称“扫街记者”。但覆盖了条条街道，就能完全记录现实生活吗？且不说每人在一定时间只能待在特定的某一点，其实记者能看到的基本上还是在街头及建筑物表面发生的事情，房屋里面上演的一幕幕活剧还是不知道的，这中间的某一些可能和更多人相关哩。

媒体与现实世界的关系是一个很值得探讨的大问题，下面我们就来看两个备受关注的议题的双方陈词，你对它们有何高见呢？它们可能并没有什么标准答案，在不同的时间不同的地点，不同的答案也许会显得更加适合，认真思考，作出你自己的判断吧。

报道？VS 报表？

事件由头："我们这个地区的犯罪率明明很低，报纸上却总是可以看到罪案新闻，这样大家不是会感到生活在一个不安全的环境吗？比方说变得深夜不太敢出门，其实不用这样紧张，现实情况不是那么糟糕呀。"

正方：新闻报道应该试着多用数字说话，用实际调查的结果帮助人们获得对现实的正确观念，这样才称得上客观真实。分配报道容量时最好贴近对象在现实生活中的比例。如果我们测出犯罪率只有百分之零点零几，报纸报道罪案的字数不应超过总字数乘以这个百分比。

反方：记者并不是社会科学家，也不该做着和社会科学家完全一样的工作。你真的喜欢报纸变成一摞数据公报、电视新闻里不是图就是表吗？数据并不能测量出我们生活的每一方面，比如以十分为标准，你能说出今天自己的快乐值是几点几吗？而正方所称的配比问题，如果只用配犯罪率的比例，看上去当然可以操作。但要像你设想的这样精确地反映现实生活，要配的比例就太多了。比如男女的性别比、老中青幼的年龄比、受教育程度的比例、收入的比例、地域的比例……这么多叠加到一起，真的很难配到刚刚好啊。

折中建议：记者可以更多关注对社会情况进行科学规范研究后获得的结果，把其中与人们生活息息相关的部分报道公布出来。虽然精确的配比很难完成，媒体也应不时检视自己的报道对于社会的方方面面是否有所涉及，有没有被忽略的部分。

正常？VS 异常？

事件由头："作为一个80年代生人，有时真是挺郁闷的。打我们小时候起，媒体就管我们叫小太阳、小皇帝。现在那上了报纸电视的，基本也没什么好事。什么心理承受能力不强，为一点小事就要自杀的。什么对历史知识完全不懂，闹一串笑话的。什么比较叛逆自大，把别人不放在眼里的。其实我们'80后'的大多数人还是比较踏实上进的啊。"

正方：报道不是应该记录现实吗？我觉得它们应该更多讲述咱老百姓自己的故事，看看身边的大多数人在怎么过日子，从日常生活中发现趣味，才会比较亲切。那些花花绿绿奇奇怪怪的逸事，就偶尔看看吧，跟我们生活挺远的。上面例子里说的这些新闻，我觉得不太好，干吗总盯着出了岔子的部分，好像一开始就把他们打入另册，老找反面教材似的。

反方：我们的生活多平淡啊，就是对身边的人太熟悉了，才想去看点新鲜的、不一样的。要是媒体只记我们生活的流水账，那干吗还看啊。我又不会因为看了上面的那些报道，在和“80后”打交道时就受到影响。每人各有不同，我会自己去接触了解他们，再作出判断的。

折中建议：这个议题其实很难折衷，实在是各有偏好。建议媒体在“正常”与“异常”上尽管有所偏重，但最好还是两方面的情况都能出现。而不论是爱看“正常”还是“异常”报道的朋友，在和报道所涉的对象群体交往时都能保持开放心态，去了解感受他们的实际情况。

要对这些问题有恰当的理解，我们就不能局限于讨论只鳞片爪的新闻现象。更重要的，我们要了解新闻的生产过程。当我们通过新闻媒体知晓某个事件的时候，这里的“事件”不再是原初事实本身（那已随着时间的逝去成为人类历史的一个片段了），而是对那个事实的“再现”。若说原初的事件是“原材料”，那么媒体对事件的“再现”就是一种生产，最终的产品就是我们看到的新闻报道。而这个“生产”的过程，大有玄妙可言。

2 新闻生产中的奥妙

“把关”

“二战”期间，为了节约物资，美国政府试图通过宣传让人们接受动物内脏这种美国人原本不喜欢的食物。一个帮助政府进行宣传研究的心理学家勒温发现，某个家庭最终吃到的是什么食物，取决于那个家庭的主妇是否接受了宣传。你也许会说，这个发现多么简单啊！的确，看上去他只是说了点日常生活中的琐事。但我们不妨沿着勒温的思路向前走：这个现象让他理解到，在群体的生活中，无论是物质的流动，还是信息的流动，都并非像直达快车那样畅行无阻地从始发站到达目的地，而是需要通过一个一个的关口。这个关口上的控制者，将会依据自己的权力和价值判断，放过一些东西，同时拒绝一部分东西通过。

这种行为，便被称为“把关”。“把关”无处不在，它看起来平凡无奇，却深刻影响着我们生活的方方面面。

现在报纸的版面比原来厚实多了，也出现了 24 小时播出的新闻频道，网站更可以容纳海量新闻而且从不打烊，但和世界上每天发生的大大小小的事情相比，被报道的总是只占极小比例；即便是得到报道的事情，被报道的也只是事件整个经过的很小一部分。一场开了一天的会议，在电视新闻里可能只有几分钟的镜头。就算是现场直播，镜头也是在不同场景间切换，并非严格意义上的一览全貌。

新闻的生产是一个层层筛选的“把关”过程，记者编辑将主要根据新闻价值的大小，来选择采访什么、让哪些报道和人们见面。让我们以报社的日常工作为例子：

我们先看看一位记者的日程表，“上午9点：参加某政府部门会议；下午2点：A公司新闻发布会；2点半：某庆典活动；4点：去见一位约好的专家……”这是根据记者接到的请柬通知预先排出，但他并不会事事亲临，可能要先衡量一番。2点和2点半的活动，时间间隔太近，两地距离又太远，A公司的新闻发布会据透露是针对公司的某项重大变动，2点半的庆典只是例行活动，那就只去A公司那边吧。上午10点，会议正开到一半，记者突然接到主任的电话：“你在哪儿呢？……参加一个会？……先别管它了，赶紧到××街××号去，那里发生了一场特别大的火灾。”记者每天会获得不少新闻线索，包括安排好的各种活动，自己定的采访方向，临时接到的新闻爆料等等，他们将根据实际去哪些地方采访。

编辑部是个“奇怪”的地方，白天很难看到几个人影，等到一般的公司企业快下班了，记者们才陆续回来，坐到电脑前敲稿子。部门主任就隔三差五地在办公室里溜一圈，“小王，今天采访到什么了”，“小李，有什么要写啊”，“小张，去那个地方收获还大吗”。或者通常，上午派记者出去采访之前先开个会，对可能抓回来的“活鱼”心中有底，傍晚再召集大家开会，讨论哪些事情应该“小题大做”。他先要在心里有个底，看到写好的稿子就能比较快地做好筛选、作出判断：“这个，可以用，不过要稍微删一点；那一篇，关键事实还不清楚，得再去采访；这一篇，不行，没多大价值；那一篇，时效性不是太强，今天的版面已经差不多了，等哪天缺稿子的时候顶一顶吧。”

等到部门主任处理完毕，记者们写好的稿子被送到版面编辑那里。他手上已经累积了不少其他来源的新闻稿，包括通讯社发出的电讯稿、通讯员投来的稿件等。版面编辑会圈选出待用的主要稿件，有时是大刀阔斧、毫不留情，有时却也是颇费思量、忍痛割爱。有些稿子内容相关，得集合起来重新改写；有的太长了排不下，得略去一些不那么重要的细节。新闻报道的一种常见结构被称作倒金字塔，在介绍完简要情形的导语之后，先写最重要的，再写次重要的，排在最后的重要性最低。这样编辑删改起来时从最后着手，依需要进行，可以提高工作效率。

排好的版面最后会送给总编辑过目定案，如果临时有重大事件发生，大家伙得加班加点，至少是重排头版。一个新闻事件，就是这么过五关斩六将，才能被报道出来。重大事件有它们的贵宾专项通道，一路绿灯；而另一些事件可能从一开始就没法得见天日，或是在半路上被淘汰出局。

新闻人看世界

“把关”，意味着新闻界对于新闻事件采取的是“选择”的方式——选择性采访、选择性报道以及选择性刊播。除此之外，在新闻人个人的身上，则体现出另一些“选择性”。尽管人们对于新闻界的要求是“真实、全面、客观、中立地报道新闻”，新闻界往往也以此来自许。但是，新闻人也是“人”。人这个物种的本性，决定了他们不可能完全超越他们的感情，他们的经历所导致的偏见（当然这并不妨碍我们认为尽力超越偏见是一种美德）。他们在对世界的认识过程中，会发生选择性注意、选择性理解和选择性记忆。

记者的选择与他过往的经验息息相关，难免带有个人的偏好和他所属的媒体组织的特征。正因为如此，不同的记者前往同一新闻现场采访后，看到感到的东西可能大不相同，完成的报道也判然有别。就像那个人们熟知的小故事，同样是半杯水，乐观的人看见了，会说，“啊，还有半杯水呢”；悲观的人看见了，却会说，“哎，只剩半杯水了”。如果记者只是去看桌上的半杯水，要比较客观地描述还能容易做到。但记者置身的往往是充满了各种信息、比较复杂的环境，不同的人会去关注不同的东西，他们“看到”的东西也就各不相同。

两名记者采访同一个艺术展览，一个认为其办得不错，另一个却觉得办得有些糟糕。这是怎么回事呢？前一个记者在展场四周看到很多彩旗、彩球、鲜花、广告、标语，“处处充溢着节日的浓厚氛围”，很多相关领导都出席了展览的开幕式。他也从组委会发布的新闻通稿上看到，展览在短时间内就征集到海内外的多件作品，经过了科学规范的评选，精选出展览的对象，展览还和学术活动联系起来了。另一个却看到展场面积相对多件展品显得十分狭小，展品的陈设混乱不齐，现场陈设和印刷的展品合集有出入，还有其他一些操作不规范的地方。所以，前一个记者注重的是展览的仪式部分，看到这里就为止了；后一个记者对展览的实际质量有更多关注，才会看到其不尽如人意的地方。

很多时候，记者如果不深入追查，可能会被事情的表象所迷惑。比如某青少年宫筹办了一个吃苦夏令营，记者知道后很感兴趣，这样的夏令营会受到家长学生的欢迎吗？主办方出示的报名记录显示，短短几天时间内五十个名额都被报满了。看来是很踊跃啊，记者打电话给其中一名家长，家长表示愿意让孩子锻炼锻炼，一篇报道很快出炉——《吃苦夏令营受到家长学生追捧》。部主任看到稿子后，找来记者，“你最好找到报名记录，和尽可能多的家长联系，问问他们是如何知道这个夏令营的，怎么会想到让孩子参加”。不打不要紧，深入了解之下，记者吃了一惊，原来报名的五十人中有一二十人是青少年宫职工自己或亲戚的小孩，其余的人也大都是青少年宫找到经常联系的学校，由班主任指定几名学生参加。真正看到广告来报名的人寥寥无几。因此，记者干活是否粗糙，很大程度上决定着我们看到的新闻是否足够“真实”。

新闻故事的主题和框架

我们已知晓，我们所看的新闻，不是事件本身，而是新闻人用文字、声音和图像对事件的再现。这样看，报道一则新闻，其实就是在讲述一则故事。故事可以正着讲，反着讲，可以详细地讲，也可以大略地讲……将一个一个的事实片段，通过讲述，连成有主题，有情节，有结构的故事，并不只是小说家的本领，它也是新闻人的技巧。尽管我们相信新闻人的报道胜过相信小说家的虚构——这是当然，真实和虚构自然有天壤之别，但我们要说的是，新闻像故事一样，会有特定的主题和结构框架，而这主题和结构框架并非事实本身所具备，它们是新闻人所赋予的。

一定有不少人听过这个历史逸事：晚清重臣曾国藩在同太平军的作战中屡吃败仗，写信向朝廷开脱，他的幕僚将信中的“屡战屡败”一词改为“屡败屡战”。这一改非同小可，它使有关曾国藩的故事的基调，从无耐的失败，转而成为可歌可泣的悲情。在这里，语词的神奇力量，在于它能改变故事的主题。

新闻报道需要通过特定主题和叙事框架来呈现现实。我们已经看到，大千世界那么多事情，每一事情的那么多方面，最后只有极少数会得到报道。它们是被记者的“框架”框进来的部分，说简单点，有点像我们小时候卷个纸筒去看东西；但实际情形比这复杂些，因为记者不是直接从事实上切下一块就大功告成，往往是选择一些部分进行重组，以他认为合适的顺序、方式展现出来。下面，我们就来看看一篇报道形成的具体过程，获得对报道框架不同层次结构的认识。

当记者结束采访工作回来写稿时，他心里首先要大致有个谱——这是件什么事儿。这与他的标题和导语（一般是报道的第一段）要怎么写息息相关。事情的主题，正是报道的高层次框架，统摄整个报道的展开。有点类似我们读中小学时，语文老师让我们找文章的中心思想。同一事件，可能记者依此确定的主题不尽相同，报道的面貌也就有了很大差异，甚至给人的印象截然相反，都不像在说同一件事。改革开放以前，我国新闻界有讳言负面新闻的倾向，一种操作方法便是“坏事变好事”。比如报道一场天灾，不是将主题定在它给人们生活造成的损失、影响，而是将主题定为英雄人物如何在其中舍己助人、弘扬了高尚精神。这么做的缺陷是未能满足人们第一位的信息需求。

在确定了报道的开头怎么写后，下一步记者将在脑子里再过一遍他了解到的事件的前后经过，梳理其来龙去脉，决定哪些是应该写入报道的有逻辑联系的环节。这对应着报道框架的中层结构，包括主要事件、先前事件、历史阶段、结果、影响、归因、评估等。

网上流传过一个小笑话，“老大娘摔掉门牙之后……”，虚构了几个不同地方对相似事件的报道。主要事件都是一位老太太，在街上摔了一跤，掉了颗牙，但因为后续发展大不相同，报道对事件的原因有着不同推论，各有其好恶态度。如大陆版的报道是老大娘被两个警察送到医院，垫负医药费后不留名地离开，令大娘和众人都感动万分。香港版的报道是路人将老大娘扶起后，指责港府整治道路不力，在税收使用和公共事务建设上亟待改善。台湾版的报道题为《老妪摔脱大牙 党棍再起争端》，这一事件被泛政治化，成了党派互相指责攻讦的由头。在美国版的报道中，后续演变为，摔倒的大娘状告政府保护民众不力，要求高额赔偿，她的行为还获得了美国妇女组织的支持。这个笑话当然有戏剧化的夸张成分在，但也可以令我们比较明白地见识一番不同框架的运作逻辑。

当记者对前面所说的有了大致设想，开始动笔撰写报道后，他具体怎样遣词造句，使用什么样的语法结构，组合成了怎样的修辞、风格，同样会对报道的面貌带来影响，使我们在观看阅听之后获得有所差别的印象。这构成了报道的低层结构。比如同一个行为，记者可能描述成“表示”、“指责”或者“抨击”，给人的感觉就会不一样。现在媒体提倡减少歧视性用语，对字句背后的潜台词更加注意。

比如对残疾人，使用“视觉障碍者”、“听觉障碍者”、“智障者”比俗语中的“瞎子”、“聋子”、“傻子”更能显现对他们的尊重。国外媒体可能对性别、种族之间的关系更加敏感。有一件趣事，说是一些人在根据现在的需求重新审订《圣经》，第一句“我们天国的父啊”就得改，因为觉得里面张扬男权，要变成“我们天国的父母啊”才更合适。

呈现新闻

报道很少单独在媒体中出现，往往是和其他报道组合起来一道送到大家面前。有的报道占据天时地利，被凸显出来，一下子就吸引了人们的注意力，有的则正好相反。对于其中隐藏的编辑语言，我们这里也略加介绍。

依据人们的心理因素和使用媒体的一般习惯，媒体空间被划分成不同区域，编辑一般会把他认为重要的内容，排在比较容易被人关注的地方。拿报纸而言，头版当然最显眼，现在有的报纸版面较多，就分成 ABCD 等若干叠，相对增加了一些小头版。具体到一个版面而言，人们的阅读顺序通常是先左后右、先上后下，因此如果把版面分成四块按受注目程度由高到低排列，大致是左上、右上、左下、右下。每一版左上的第一篇报道被称作头条，排在第一版左上的头版头条，是每张报纸中最重要的位置，将留给当时最重大的新闻。对于广播电视新闻来说，一般也都是把重要的新闻放在前面播出。与分叠报纸类似，有的广电新闻节目划分了国内、国际、经济、体育等不同板块，有它们各自的小头条。

对于重要新闻，编辑往往会利用各种方式进行强调。

报道的篇幅一般比普通新闻来得长，在报纸上有时会给它们加上字号特别大的标题，配上照片或图表，旁边勾个花边儿什么的，有时是加上编者按或配发评论。在广播电视新闻中的操作原理差不多，不过因为媒体特性不一样会各有些特别的手段。编辑有时会把相关的报道集结到一起，对于特别重大的新闻，他们会策划出一组报道，比如一下占了好多个版，涉及到事件的方方面面。观看收听新闻时，我们不仅接触到那些有形的字句画面，也在接触无形的编辑语言。

小　结

要想媒体像镜子一样把现实世界完完全全、原原本本地反映出来，其实是不可能完成的任务。我们的现实世界本来就包含各种层面，人们对事件有着多元的认识与理解。记者编辑呈现给我们的报道很难和新闻事件完全画上等号，难免会带有记者编辑个人、他们所属的媒体组织以及他们身处的特定社会背景的色彩。

报道中内含框架，编辑也有自己的语言，在我们接触新闻时施加影响。这些东西并非是有意要扭曲真相，相反，它们往往是帮助我们处理海量信息获得快速有效资讯的有利工具。但既然是经过框选，不在框中的很可能就被我们在无意中忽略。

因此，人们在经由媒体很方便地获得大量新闻资讯的同时，也应该保持批判开放的心态，判断媒体这样处理新闻事件是否有偏颇的地方，在现实生活中遇到与报道相关的人和事时，不应由媒体得来的印象对他们预先“定案”。下一章，我们在讨论媒体造成的刻板印象时，会对此有更详细的阐述。媒体与现实世界的关系，不仅是媒体应努力处理的问题，也关系到我们每一个生活于现实世界的人。如果双方能更多展开互动，就可以推进对这一问题的理解，对其作出实质性的改善提升。

第二章

如何避免媒体“刻板印象”的影响

我们所处的这个世界瞬息万变，生活在其中的人们日益依赖于各种形式的媒体来认知外部的大千世界。的确，媒体打破了地域的阻隔，它可以把地球另一端的风情生动地展现在我们眼前；媒体也超越了时间的限制，它可以让历史的瞬间如此逼真地重演。

但是，你有没有想过：当我们在阅读报刊、观看电视、享受媒体便利的同时，我们对外部世界的了解也为媒体所限制？我们对外部世界的评价与判断，同样也被媒体传递的信息，以及从中流露出的倾向所左右？不妨先来看一则新闻报道。

重庆女大学生街头救护民工急做人工呼吸[1]

昨日上午，重庆市重庆大学B区大门附近，一民工突然昏厥。此时，一女大学生经过，紧急为该民工做人工呼吸。随后，120急救医生赶到，由于之前女子的抢救有效，该民工最终转危为安。

昨日上午10时许，一名30岁左右、民工打扮的男子在经过重大B区大门附近时，突然昏厥摔倒在地，口吐白沫，额头也被磕出了血。目击者张发云先生称，昏厥男子双手满是泥巴，右手还紧抓着一大袋行李。围观市民束手无策。

此时，一打扮新潮的青年女子拨打120后，从人群中挤到了昏厥的男子身边，迅速弯下了腰，嘴巴凑上男子的嘴唇，给他做起人工呼吸，直到市肿瘤医院的120急救医生赶到。目前民工的病情已得到控制。

昨日下午，记者通过120总台报警记录，联系上了那名青年女子。女子称她是重大B区的一名在校大学生，她拒绝介绍自己的姓名及班级，只说这是应该做的。

---

〔1〕来源：人民网，作者荣含含、唐询，2006年3月8日。

这条300多字的短消息看似不起眼，却在网络上引起了颇大反响，有人感慨民工的遭遇，有人哀叹世风日下，而女大学生不顾民工肮脏“挺身”相救，则一时间在网络上传为美谈。

可是很少有人反思：这种赞扬背后的逻辑是什么？假设在这条新闻中被救的是女大学生的同学、是过路的白领，哪怕是普通市民，也会被媒体如此渲染、引发如此的影响吗？

不会。事实上，这条新闻最吸引记者和我们目光的，正是标题所显示的两个身份：救人的“女大学生”和被救者“民工”。

在我们的印象里，如今的青年，特别是“打扮新潮的”的女大学生，常常是一副“以自我为中心”的样子，自视甚高，对他人缺乏关爱；而民工呢，好像永远是城市最底层的群体，和他们相联系的大多是邋遢的外表、脏乱的环境以及社会治安的隐患。因此，当衣着光鲜的女大学生当街为一个民工做人工呼吸的时候，似乎就成了“反常”的行为，也就顺理成章地成为一条点击率极高的新闻。

也就是说，当记者自以为是用第三者的身份来客观记录这件事情，当我们自以为是站在旁观者的视角来阅读这条新闻的时候，实际上，我们早就戴上了“有色眼镜”。在我们的脑海里，“女大学生”和“民工”早就有了各自的形象，并且这些形象是在社会群体中形成共识的。而我们对现实事件的判断与评价，恰恰就是建立在这一“模式化”的形象基础之上。

于是，问题就产生了：我们脑海中的这些形象、也就是我们看待社会万象的出发点，是否真的能够反映它们的原貌？是不是每个女大学生都嫌贫爱富、缺乏爱心？是不是所有的民工都劣迹斑斑？如果不是的话，我们为什么会在阅读新闻时下意识地联想到这些形象呢？

社会心理学有一个专门来形容“固定化、简单化观念”的概念，称为“刻板印象”。它通常伴随着对该事物的价值评价和好恶感情。刻板印象一旦形成，就很难改变。上文提到的这种现象，正是“刻板印象”在起作用。

在传播学界，最早指出媒体存在“刻板成见”的是沃尔特·李普曼，这位影响深远的新闻人在他的《公众舆论》一书中对人认识事物的过程作了如下描述：“大多数时候，我们并不是先看东西，后下定义，而是先下定义，后看东西。”他认为：“对于外界的混乱嘈杂，我们总会先套用我们已有的文化框架进行解读，我们倾向于用我们已有的文化形式来感受外面的世界。”〔1〕

如果留心媒体所传递的信息，你会发现许多媒体内容里都包含着形形色色的“偏见”。作为读者，我们应如何看穿这些文字背后的“把戏”？如何来理解媒体中隐藏的“偏见”？又如何避免受这些“成见”的影响？下面我们就来逐个探讨这些问题。

〔1〕《公众舆论》，作者：［美］沃尔特·李普曼，翻译：阎克文、江红，上海人民出版社，2002年。

1 媒体中常见的刻板印象

乍看之下，媒体上的新闻报道大多采用客观陈述的方式来记录周遭的变化。但如果细细推敲，类似上述消息中隐含着“刻板印象”的情况比比皆是。这些“刻板印象”有的是针对民工、妇女、儿童等特殊人群的，也有针对某个地域或地区群体的。

背负污名的民工

对媒体内容的统计分析是发现刻板印象的好方法。我们上文提到的对“民工”的描述，就是媒体中一种较为普遍和典型的刻板印象。有人对一份著名晚报 2001 年所有涉及民工的报道做过统计，发现城市农民工作为“正面角色”出现的比率只有 10%，而作为“负面角色”出现的则占到 66.7%。2003 年下半年，针对相同对象的统计中，农民工“负面形象”的报道仍达 45.5%。2004 年，另一学者对不同城市、不同性质（包括党报、晚报和都市报）的三份报纸进行了类似的考察，结果显示，在有关民工的报道中，涉及该群体“就业、生活等诸方面遭遇”的占 57.9%，有关该群体人员犯罪等负面消息占 21.1%，两者相加占到报道总数的79%。[1]

这些研究由于时间、地域和媒体性质的不同，结果稍有差异，但这些统计数据足以表明，媒体对待有关“民工”的报道存在较为明显的负面倾向。

需要指出的是，“负面报道”本身同“刻板印象”并没有必然的联系。但如果媒体对同类事件的处理，因为报道对象的不同而区别对待，就很有可能是“刻板印象”在作祟了。这种“负面倾向”表现在具体的报道中，就是突出强调民工的外表“肮脏”，行为“没素质”、“不文明”，品质“恶劣”，还经常与各类犯罪相关联。

例如，某晚报在连续数月内涉及民工的新闻包括《一群民工当道“裸睡”》、《两拨民工对着干 为争电话死一人》、《六民工洗劫金库97万元》、《3民工演“跳楼秀”被拘》、《关注民工性压抑 3次杀人奸尸变态木匠末路之旅》、《打赌吃鱼头骨鲠在喉—— 一民工胜利在望时被卡了个半死》等多篇报道。

不难看出，以上标题的一个共同点是，记者将“民工”的身份作为一个重要新闻点在标题里予以凸显。或许你会觉得，突出新闻中的主体并没有什么不恰当呀。可是，假如我们换一个角度思考，设想这些事发生在普通市民身上，记者还会将主体作为新闻的突出部分吗?

所以说，在这类具有负面色彩的新闻里，标明和突出“民工”的身份，实际上是在两者之间画上了强烈相关的信号。“民工”在这里成了以奇异、惊耸为卖点的社会新闻的主角。在看似客观的描述之下，“无理取闹”、“愚昧”、“精

〔1〕《二十一世纪》网络版，2005年7月号，2005年7月31日。

神疾病”等，已经在无意之间向我们传递了对民工的刻板印象。久而久之，我们熟悉了媒体的这种叙述，同时也将它所传递的“刻板印象”内化为了自己的“刻板印象”，也就难怪众多网友对于类似“女大学生当街救人”等带有明显身份偏见的报道认同有加。

河南人要为己“正名”

每当提到“河南”、“河南人”，也许会有不少人下意识地流露出一丝厌恶或者轻视。事实上，他们当中很多人并不了解河南，同河南人接触也很少，或者有些人在生活中与身边的河南同事关系还挺好。这种看似矛盾的反应，很大的程度上归咎于媒体所传递的“刻板印象”。

曾有人对媒体中的河南人形象进行研究，他们以在全国较有影响的《南方都市报》和《21 世纪经济报道》为样本，统计分析了两者在 2004 年内涉及“河南人”的有关报道。其中，《南方都市报》全年 76 篇涉及河南人的新闻中，只有 8 篇是反映河南人的正面形象，占 11%；负面报道则多达 54 篇，占 71%。该报对河南的关注主题是艾滋病、矿难、车匪路霸、贪污作弊、杀人抢劫等违法犯罪现象。与此类似，《21 世纪经济报道》2004 年有关河南的 65 篇报道中，正面报道 4 篇、负面报道 41 篇，分别占 6% 和 65%。[1]

这一结果比较有代表性，如果留心一下其他媒体有关河南的报道，你也会发现同样的情况，即媒体所聚焦的河南，几乎都集中在民工违法乱纪、贩卖假货坑蒙拐骗、人

〔1〕《大众传媒，你有没有门缝里看人?》，作者：崔书颖，《青年记者》，2005 年 10 月。

为灾难如车祸、火灾等。我们并不是说，哪一篇具体报道存在失实的问题——如果将这些报道隔离开来逐一审视，或许每一个案例都是真实的。关键的是，报道中涉及的大部分案例也同样可以在国内其他省份找到不同程度的“翻版”，可是媒体却在有意无意间“不约而同”地选择了河南作为“靶子”和揭露问题的“典型”。

在新闻学中，有一个重要却常常被忽略的观点，即新闻真实不仅仅是该新闻本身是否忠实记录了社会的变动，更重要的是媒体所载信息在整体效果上是否反映了社会的原貌。这就是“微观真实”和“宏观真实”的差异，一篇具体报道的真实，并不等于很多相关报道整体反映出的真实符合社会原貌。

如果以此为评判标准，这些涉及河南的新闻，是不是具有代表性的典范？是不是反映了河南的真实面貌？是不是做到了信息平衡？是不是符合新闻的整体真实的要求？

很显然，答案是否定的。然而这种报道却一再地被重复着，报道的口吻与角度也几乎雷同。而且“得益于”信息的共享性，当数量庞大的受众同时接收到媒体所发布的信息，继而复制、组合、流动，河南的“丑”与“恶”就在无形中被一层层强化，关于河南的形象就这样被定格了。由于媒体的渲染，越来越多的人对全部河南人产生极为不好的印象，导致无数河南人无辜地成为了“人人喊打”的角色。

2005 年初，住在深圳的河南籍公民任诚宇、李东照向郑州市高新区人民法院提起诉讼，状告深圳市公安局龙岗区分局龙新派出所侵害其名誉权。原告称，该派出所在无任何证据证明辖区内存在“河南籍敲诈勒索团伙”的前提下，为打击辖区的刑事犯罪，于辖区内怡丰路黄龙塘市场附近的大街悬挂“坚决打击河南籍敲诈勒索团伙”和“凡举报河南籍团伙敲诈勒索犯罪、破获案件的，奖励500元”两块横幅，直接损害了其家乡及所有河南籍中国公民和河南籍侨民的声誉和名誉，粗暴伤害了二原告对家乡的感情及对家乡应有的荣誉感。

这起官司首次发出“河南人惹谁了”的怒喊，引起全国对河南刻板印象的反思讨论，也使人们正视在身边悄然出现的“地域歧视”问题。例如，提到山西，人们首先想到的是煤矿及反复重演的矿难；提到安徽，人们首先想到的是灾民、乞丐，近年来又多了毒奶粉；而提到云南，有人会很自然地想到“毒品”之类的新闻……这些“歧视”的根源，媒体难辞其责。

附属地位的“女性”

媒体所传递的刻板印象不仅在新闻报道中，我们平时接触到的广告、观看的电影电视，甚至各类综艺节目，也都在向我们灌输着某种既定的刻板观念。

2005年底，首都女记者协会公布了一项不同寻常的评比结果。她们委托某专门课题组，对经常在电视中出现的4935条电视广告逐一分析研究，评选出“2005十大性别歧视广告”，其中包括太太口服液、乐事薯片、福临门天然谷物调和油等大家非常熟悉的产品广告。这些广告的一个共同点是，其内容除了传达产品信息外，还间接向观众灌输了各类与性别相关的价值观念，在观众的潜意识里留下有关性别的“刻板印象”。

太太美容口服液的广告中，居家的妻子因为对自己的外貌不够自信，总是对忙碌在外的丈夫缺乏信任感。为此，丈夫给妻子买来了太太美容口服液，让她重新焕发了美丽，并因此找回了信心。

在这则广告里，作为妻子的女性明显地处于弱势地位，她需要依赖美丽的外貌来建立自信，因为美貌是她赢得男人喜爱的资本。反过来，她因为外貌而建立起的自信，也进一步加强了她对男性的依赖。你可能会说，我从来都没有意识到这层涵义啊。是的，我们当中的许多人就是在潜移默化中被强化了“女性是附属”的观念。

又如福临门天然谷物调和油的广告，爸爸与儿子为厨房里的妈妈拍摄 DV，妈妈面对镜头，正用福临门天然谷物调和油做饭。不一会，爸爸与儿子美滋滋地享用着妈妈做的饭菜，儿子还充满童真地给妈妈颁发金牌以示“嘉许”。

乍一看，这则广告里三口之家其乐融融，和睦幸福。但如果对广告内容稍作分析就会发现，它实际上传递的是“男主外、女主内”的刻板印象：男性不仅是家务服务的享受者，也是对女性家务劳动的评价者。而广告中的“儿子”更令我们担心：男孩们是不是已经在广告中学会了和爸爸一起“观看”，而不是去帮助妈妈做家务？

在电视文艺晚会、嘉宾访谈等栏目中，同样也存在“刻板印象”。2005 年春节联欢晚会上，小品《跟着媳妇当保姆》里，冯巩所扮演的农民酸腐可笑、洋相百出。他总是担心老婆受雇主“欺负”，坚持要进城待在当保姆的妻子身边。朱军饰演的市民“雇主”则显得通情达理。充满意味的是，小品最后，朱军买好了看望留学妻子的机票，而他去见妻子的原因却和戏中冯巩的理由惊人地相似，“外国情况那么复杂，漂亮媳妇能放心吗”！于是，小品留给人的印象是，不论你是进城当保姆的乡下女人，还是远赴海外的女知识分子，你是男人猎取的对象，时刻都需要“男人”的守护。更进一步，小品还令人吃惊地传递着这样一个权力观念的框架：外国男人 > 中国男人，城里男人 > 乡下男人，男人 > 女人。诸如此类的“性别刻板印象”在电视剧、影视节目中可谓比比皆是。

通常认为，“性别刻板印象”是指那些作为母亲和妻子而被歌颂的女性：媒体在歌颂她们对家庭对孩子无私奉献的同时，也是在强化这种刻板印象。但实际上，有关“女强人”的采访或者报道，同样也流露着明显的“性别歧视”。只要细细体味一下“女强人”这三个字背后的意义，你就会发现，很难定义它到底是一个褒义词还是贬义词。的确，它是在赞赏女性的独立进取，赞赏她的执著奋斗，褒扬她对社会所作的贡献。但另一方面，它不是也隐含了缺少“女人味”的意义吗？

回想一下我们所看过的有关“女强人”的报道，几乎都会在报道事业成功的同时，也会着重强调私人领域中的家庭角色。比如记者通常会问：你事业上这么成功，那么你还是不是一个好妻子？是不是一个好母亲？如果工作和家庭有了冲突，你会选择哪个？我们经常听到的答案是：家庭重于事业。也许她的内心并非这样想，但这个回答可以使她保留“女人味”，并由此得到一个被社会认可的形象。例如，雅芳总裁钟彬娴曾在一次采访中透露，自己曾经为了参加儿子的家长会而放弃了同布什总统的会面。当时，钟彬娴的这一选择被众多媒体转载、引用，传为佳话。反过来，如果一位女性因为繁忙的工作而忽略了家庭，那么不仅她自己会感到歉疚，感到对丈夫、对孩子照顾得不够多或者家务承担得不够多等等，观众也同样会为她惋惜，惋惜她因为工作而失去了做女人的乐趣。为什么男性公众人物却很少遇到这样的问题？为什么同样是名人，一边是几乎成为惯例的提问，而另一边则是从来都不被提起的问题？其根本原因就是长久以来女性被定义在私人领域的“刻板印象”。

2 媒体为何会有刻板印象？

上述这些例子可能会让你很惊讶：原来媒体的信息中竟存在那么多“偏见”！的确，当媒体日复一日地重复着对某一类人、某一地域的刻板印象时，它对你来说可能已经成为“常态”。相应地，你对媒体灌输的“刻板印象”不仅没有防范，甚至已经内化为自己的价值观和评判标准。当你习惯于认同它观点的时候，也就失去了发现“偏见”的能力。

那么，当我们重新认识到这些“刻板印象”之后，应当如何来看待、应对，如何在获取有效信息的同时，尽可能避免受到“刻板印象”的影响？这可能是比揭露“刻板印象”更重要的问题。

俗话说，“屁股决定脑袋”。这句话的意思是，一个人坐在什么“位置”上——即他的社会身份和地位如何，决定了他看问题采取何种方式。比如一项改革计划，有些人看到的是有利于“长期发展”，而有些人看到的是损失了“现有利益”。对事情既是如此，对人、对群体也就不能幸免，因为人总是和他的社会行为联系在一起的。这样，某人在 A 眼里表现出的“有魄力”，在 B 的眼里就可能是“武断”和“自我中心”。当然，若每种看法都乱哄哄一起登场，大家各持己见，谁也说服不了谁，广为流传的刻板印象自然也就无从谈起。然而，事实却并不如此，不同社会地位和身份的人拥有不同的社会权力，这权力也包括他们在社会上、在媒体中的发言机会和言论的影响力。换句话说，最有发言权的那些人的看法，最有可能在媒体上得到表达，进而形成为普罗大众的“共识”。

恐怕没有多少行业比新闻界更与主流政治和经济机构紧紧纠结在一起了。新闻业的巨大利润和影响力，使它注定被社会中强势群体所控制和影响，它也因此成为强势群体所产生的刻板印象的出口。由此，也就不难理解，为什么社会经济地位上的弱势群体常常更受负面刻板印象的困扰，而强势群体则常被赋予了更多的“光环”（这同样是一种刻板印象）。

这种现象不仅体现在国内新闻，也体现在国际报道中。发展中国家的学者们就常常指责发达国家的新闻界，认为他们多年来一味报道发展中国家的战争、饥荒、灾难和疾病，而看不到他们的建设成就。确实如此。至于为什么看不到，有人认为是发达国家出于自身利益而有意对这些闭口不谈，有人认为主要还是根深蒂固的意识形态的潜意识影响，也有人认为兼而有之。但不管有意或无意，有一点是肯定的：不同社会位置上的人，看世界的方式不一样，看到的结果也不一样；处于强势地位的人们的看法，更容易在媒体中得到表达，更容易形成流行的见解，而这对于另一方来说，就是刻板印象。

除了从人们的社会地位上来看刻板印象，我们还需要从文化上来反思它。正如沃尔特·李普曼所说，媒体之所以会成为“刻板印象”的制造者，一大原因是人们习惯于先套用已有的文化框架去解读社会，倾向于用已有的文化形式来感受世界。“刻板成见”得以盛行，是因为它能够为人们认识事物提供简便的参考标准，让我们将原本互不相干的事物归入已经被定义的种类当中去。

另一方面，信息时代的瞬息万变常常会令人感到未知世界的压力。为了以尽可能小的成本获得最大的信息量，人们也常常会选择某一事物最突出的特征作为它的标志，以此作为区分的特征。于是，抹煞个性差异的模式化概念在我们的头脑中比比皆是：美国人是开放的、英国人是保守的、法国人是浪漫的、德国人是严谨的……不幸的是，这样简单化的分类不仅没有帮助我们认识事物，还经常影响到我们的判断。

此外，从传播过程来看，媒体传递出的信息一旦被受众接受，就很有可能被进一步传播，辐射到更广的社会群体，并转化为社会成员间的共享观点。这种被社会公认的观念一旦成形，就具有了无形的权威性，使得人们倾向于采取相同的观点和立场，以免被他人“孤立”。作为生活在社会中的记者，同样也是社会成员的一部分，当他们再次碰到相同题材或报道对象时，也会不自觉地站在相同的角度来看待问题。在这个意义上，媒体既是“刻板印象”的制造者，同时也是它们的受害者。

事实上，我们当中的每一个人，包括媒体的从业者，始终都带着某种既有的态度、假设、偏见在看问题。在成长的过程中，我们自觉或不自觉地沿袭了父母、学校、同一族裔或者同一宗教社区的特定思维方式和价值观。并且，这种互相感染和强化的过程始终在进行着：它存在于我们的工作、我们阅读的书籍、我们所看的电视节目，以及我们所处的社会文化环境、和宏观政治经济体系中。

在媒体的传播过程中，一些不合理的议程设置也有可能传递错误的信息，并强化人们的刻板印象。如上文提到的对“女强人”的采访，它一方面同传统的家庭妇女相对比，表现出女性由于事业成功而获得社会角色的突破，但同时，媒体对待成功男女的不同态度和做法、对“女强人”的家庭角色的强调，又加深了人们“男女有别”的观念。

3 如何避免“刻板印象”的影响?

如何才能避免受到这些“刻板印象”的影响?或许最根本的做法就是“抛弃”媒体，不再依赖它来认识外部世界，自己去接触和了解不同的人和地方。然而，这显然不具可操作性，因此，我们需要在获得有利于自己信息的同时，尽可能地拒绝那些附带或隐含着的“刻板印象”。

对此，李普曼曾为我们开过“处方”。他认为，我们应当“以新鲜的视角、从细节上看一切事情，杜绝将所有问题一般化、模式化”。换而言之，我们面对媒体的报道应该始终抱一种审慎的态度，尤其是涉及到特定的族群、社团等，要尽量提醒自己：这样的报道是不是符合实情，这样的判断会不会失之武断?

当然，要避免“刻板印象”并非易事，养成反思所阅读信息的习惯也会相当困难。为此，我们在平时可以注意多接触不同种类的文化、风俗和思维模式，也尽可能地通过各种方式与不同的人打交道。多元文化的教育和素养，可以帮助我们意识到“成见”的存在，在互相了解、尊重、包容和欣赏的基础上，用更宽广的视野和平和的心态来看待新闻报道中的人和事。

“刻板印象”并非不可战胜。阅读完本章，你已经知道了媒体惯用的一些手法、了解了在这背后的一些社会、文化和心理因素，只要在今后接受媒体信息的时候提高警惕，就不会轻易被“刻板印象”所影响。

小 结

虽然我们常常在贬义上使用“刻板印象”这个词，本章主要从这个意义上去介绍和批判的，但是，事实上，刻板印象的功能是两面性的。不妨这么说：人们生活在经验的世界中，他们的文化和社会经验必定包含了各种各样的刻板印象在其中。

刻板印象从正面说，它让我们迅速地根据既有的知识和观念对事物形成认识和价值判断，从而节省了认知的成本。但也正因如此，刻板印象的负面功能是显而易见的：它是一种简单化的认识，因此往往忽略了世界的复杂性；它又是一种固定化的认识，因此往往无视世界的变动性；它还是一种内在于日常经验的认识，人们很难反思到它的存在，因此往往具有隐蔽性。古人云：士别三日，当刮目相看。而现代社会不但复杂，而且变迁迅速。个人和社群，以及更广泛范围的事物，都随着时代的变化不断地改变自身，用刻板印象去看待世界更加不恰当。

在刻板印象的问题上，大众传媒也具有两面性。一方面，大众传媒是刻板印象的重要来源，大众传媒在天性上就倾向于以主流价值来观照世界。而主流价值必定是经过长时间的社会整合，它常常是一种固定的、人云亦云的，有时也是简单化的看法；另一方面，大众传媒又热衷于报道新事物和新观念，这无疑有助于消解原有的刻板印象。因此，最重要的是，我们要有反思精神，能够用批判的眼光来看待媒体，在利用传媒信息的同时避免其负面影响。

第三章

新闻，关乎一切

“一个巨大的陨星落到了新泽西的一个农场里，纽约正面临火星人的进攻！”

1938 年 10 月 30 日，万圣节的前一天，哥伦比亚广播公司的广播里传来这样的惊人消息！在纽约的一个街区，20 多个家庭的人们冲出了房门，用湿毛巾捂住脸，以防止吸入火星人的毒气，有的人甚至躲进了地窖，枪中装满子弹，如临大敌。当然，火星人并没有真的到来，这只是一起由 H. G. 韦尔斯的科幻小说改编而成的广播剧所引发的“灾难”，始作俑者、演员奥森·威尔斯带领他的水银剧团，用绘声绘色的演播加上逼真的音响效果，使听众误把广播剧当成了新闻广播，以为真有火星人入侵地球，从而惊慌失措，引发令人啼笑皆非的闹剧。

2005 年 8 月 25 日，飓风“卡特里娜”在美国佛罗里达州登陆，不久就造成至少两人死亡、数十人受伤的惨剧。29 日清晨，飓风又在路易斯安那东南沿海登陆，并以每小时 240 公里的风速向地势低平的新奥尔良移动。而此前，27 日深夜，新奥尔良市长雷·纳金已经请求市内 48.5 万居民全部疏散：“请大家注意，这不是演习，而是真事。”紧接着，28 日又下达强制疏散令。然而，并非所有的人都及时地逃离。除了老弱病残和无法逃亡的人外，依然有不少“勇敢”的居民待在家里，但是“卡特里娜”来势凶猛，令他们始料未及。大雨倾盆后不到 24 小时，全城一片汪洋，数百人丧生。如果说火星人进攻地球引发的笑话可以一笑了之，那么飓风酿成的悲剧却让无数人后悔莫及！如同广播剧不是新闻，新闻也不是儿戏，有时候，能否理性地看待和处理媒体传达的信息，将变得生死攸关。那么，新闻真的有那么重要吗？新闻与我们是怎样一种关系呢？什么样的信息才是真正的好新闻呢？还是让我们先来揭开新闻的神秘面纱吧。

1 新闻的本性

什么是新闻？被问到这个问题，你可能马上联想到报纸、电视或者因特网，想到中央电视台的《新闻联播》，想到CNN、BBC等世界级媒体，想到新浪、搜狐、网易等。新闻不就是这些大众媒体上的报道吗？是的，没错，但这样的理解不够深入。如果有人继续问你，古时候的烽火狼烟是新闻吗？抗战时期的消息树是新闻吗？当今的明星八卦、星座预测是新闻吗？要回答这些问题，就需要了解新闻的本性。下面，就让我们从新闻的起源说起吧。

信息：新闻的内在本性

《圣经》上记载了一段诺亚方舟的故事：

为了惩罚堕落的人类，上帝制造了一次史无前例的大洪灾，只有善良的诺亚得到上帝指点，制造了一条巨大方舟，带着家人和一些无辜的动物从大灾难中幸存下来。大雨一直下了40个昼夜，雨停后，诺亚方舟在汪洋中漂浮了整整7天，最后停泊在亚拉腊山脉，但是洪水还没有退去。又过了几十天，诺亚打开方舟的窗户，放出一只乌鸦去探听消息，但乌鸦一去不回。诺亚又把一只鸽子放出去，要它去看看地上的水退了没有。由于遍地是水，鸽子找不到落脚之处，又飞回方舟。七天之后，诺亚又把鸽子放出去，黄昏时分，鸽子飞回来了，嘴里衔着一枚橄榄叶，很明显是从树上啄下来的。诺亚由此判断，地上的水已经消退，于是他们又重回陆地。

我们不妨从新闻的角度来解读这个神话故事。当诺亚他们处于悬而未决不知大水是否退却的困境中，鸽子其实担当了记者的角色，它的飞行就像一次采访，它捎回的橄榄叶，就是一则原始的新闻素材，经过诺亚的解读、处理和发布，就变成了一则新闻。要是换作今天的新闻语言，或许就是："有迹象表明，地上的洪水已经消退。"

正是这样一则新闻，消除了他们的不安情绪，进而确认可以上岸，重建家园。虽然这只是一则神话，但它和原始社会人类的处境却非常相似——没有千里眼也没有顺风耳，人们所见所闻的范围非常有限，当洪水、野兽侵袭、战争等灾难来临的时候，他们就得采取各种手段尽快地通告家人和其他部落成员，比如击锣鼓、放烟火、吹牛角等，这些信号就构成了最初的新闻，因为它传达了新近发生在他们周围的重要信息。由此可见，人们对新闻的需要是源于对变动的环境中自身安全的忧虑，源于对欲知却未知的信息的渴求。回想起你与新闻的第一次主动亲密接触，是不是出于这样一种需要呢？

真实：新闻的生命所在

既然新闻跟人们的生存息息相关，那就必须要做到真实准确，这也是人们求生存求发展的需要。我们不禁又想到"狼来了"的故事：开始，人们信以为真地传递着这则假新闻，但后来，当他们发现受骗后，就不再相信牧童所传播的任何信息了。当狼真来了的时候，就酿成没人去救牧童之命的悲剧。新闻是不可以造假的，否则，就会让读者对某个媒体的报道失去信任。从古到今，新闻的具体称呼可能不同，但在人们心目中，它都意味着真实的信息。正是在这个层面上，新闻不同于谣言，不同于街头巷尾的飞短流长，不同于娱乐圈里的放肆炒作和离谱八卦。新闻必须是真实的，这是它与生俱来的特点。

真实是新闻的原则，更是新闻业不懈追求的理想。为什么这么说？由于媒体不可能完全避免卷入商业利益和政治利益的纠葛，新闻人也不可能在任何时候都超脱于个人成见和名利之欲，更不是全知全能的——他们要依赖给他们提供信息的新闻源。凡此种种，都决定了一则新闻的出台，实际上经过了各种各样的社会因素的选择和过滤。任何一个环节的漏洞，都给了假新闻或失实报道以混进版面的机会。比如，在商业竞争的作用下，为了吸引眼球，很多记者不惜铤而走险制造具有轰动效应的假新闻，不惜透支媒体的诚信。对下面这些虚假报道，你可能并不陌生：微软总裁比尔·盖茨在出席洛杉矶的一个慈善活动时遭到暗杀死亡；本·拉丹藏身于中国西藏；上海要建造300层高的摩天大楼；湖南78岁老妇的9次怀孕……耸人听闻之余也让人啼笑皆非。美国媒体在美军进入伊拉克前也散布谣言——萨达姆窝藏大规模的杀伤性武器，后来却证明是子虚乌有。

混沌理论中有名的“蝴蝶效应”告诉我们，巴西的一只蝴蝶扇动翅膀，会在美国德州引起一场龙卷风暴。我们可以设想，如果一条假新闻成为一只扇动谎言翅膀的蝴蝶，那它会引起怎样的一场风暴呢？特别是随着互联网的发展，新闻来源的多样化和不确定性，再加上新闻传播速度的一日千里，假新闻带来的影响更是难以估量。对于假新闻，我们一方面寄希望于媒体和记者坚守职业道德，另一方面，我们也要学着擦亮自己的眼睛，增强思考、鉴别和防范假新闻的能力。

新鲜：新闻的魅力之源

新闻者，新近的听闻也。如果是大家都已经知道的事情，那就只能称之为旧闻了。新闻产生于变动当中，新鲜、迅速是它与生俱来的品质，时效性是人们对它的基本期待——重要的新闻，总是希望获取的速度越快越好；而新鲜性则是新闻的魅力源泉——越新鲜的事实越能吸引更多人的广泛关注。

公元前 490 年，希腊人抗击波斯人入侵，在马拉松那里打了胜仗，战后，一名身强力壮的战士连续跑了 42.195 公里，把胜利的喜讯传到雅典，最后他精疲力竭而死。这就是著名的马拉松的故事。而在中国的宋代，紧急军书每天的速度必须达到 500 里，误时则要杀头，新闻胜过人命，对新闻时效性的追求可见一斑。

而今，沪深股市的涨跌，世界杯的最新战况，重要会议的新闻发布，战争的现场直播等等，人们对时效性的要求也越来越高。伊拉克战争爆发仅仅 5 分多钟，中央电视台第四频道就播放了战争的画面，到后来对战争进行的报道速度，更做到基本同步于事件的发展，世界各媒体进行的无异是一场新闻的闪电大战。世界杯上精彩绝伦的进球常常让球迷热血沸腾，歇斯底里；超级女生现场 PK 的镜头，让现场的粉丝和电视机前的观众，紧张万分，这都是现场直播的魅力。“给我三十秒，还你整个世界！”这样的电视节目广告似乎不再只是噱头。

新闻，要的就是源头活水，抓的就是昙花一现，它是雨后春笋不是隔夜凉茶。新鲜是它的生命力，原汁原味是它的魅力之所在。正是在这个意义上，新闻区别于历史：历史是对过去时代的叙述和解释，强调的是真实性和思想性，对时新性（时效 + 新鲜）则毫不介意，但若离开时新性，新闻就不是新闻。新闻，有可能成为明天的历史，历史也可能成为新闻，但前提是，历史要被注入新鲜的因素，如日军侵华并非新闻，而日军侵华史若干重要细节的新发现，则是新闻。刻舟无以求剑，守株难以得兔，记者永远要活跃在新闻的最前线，而新闻呢，一言以蔽之，“我新故我在”。

报道给谁看：新闻的取舍之道

相信不少人有过这样的经历，遇到一突发事件，立即拨通了电视台的新闻热线去报料，但是记者并没有赶来报道，这是为什么呢？要回答这个问题，我们必须要明白新闻机构是如何选题的。

其实新闻的选择，首先会受到来自社会环境的诸多因素影响，比方说媒介政策、新闻法规和文化环境等。以灾难性的公共突发事件为例，我国不同阶段相应的新闻管制及政策法规不尽相同。如文化大革命时期，唐山大地震 24.2 万的死亡人数是 3 年后才正式对外披露，而 2008 年，汶川大地震中死亡人数的披露则非常及时。这是因为，在2008年5月1日《中华人民共和国政府信息公开条例》正式实施，从制度上保障了媒体对公共危机的及时、公开报道。

其次，新闻选择也会受到报纸版面和节目时段的限制。因为每一家报纸和广播电视台的版面篇幅、节目时段是相对固定的，不会随着报道线索、新闻题材的增加而随意扩充。正因为这样，有时候即使有一条很好的新闻线索，但由于版面或时段有限，记者也只能忍痛割爱。

最后，也是最重要的，新闻选题也要考虑到传播对象的需求。编辑部在召开选题策划会的时候，讨论得最多的是，这样的新闻是不是与受众有关或者对他们很重要，对受众是不是有用，是不是很有趣，会不会对某些人有害。这种基于受众的考虑正成为新闻选择的一道极为重要的环节。印尼海啸、海地地震时，纵览各国媒体的表现，除了报道灾难的整体状况外，都更多的关心本国公民的受灾和营救情况，从中很容易看出新闻媒体对各自受众需求的注重。

现今，越来越多的媒体报道选题正来源于网络上网民热议的话题，“超级女声”的火热、杭州“70码”事件的强烈反响，都说明新闻报道的选题不仅要考虑老百姓的需求，甚至直接来自老百姓了。总之，新闻的取舍之道更多地取决于受众的需要。

谁在报道谁：新闻的观看之道

“太阳底下无新事”，这句古话启发我们，只要用心观察，就能做到世事洞明。新闻从新鲜到不新鲜，经历了一个逐步理解和认知的过程。虽然，解读新闻不像阅读文学作品那样，一千个读者就有一千个哈姆莱特，但是，不同的观看角度，我们可能也会得出不同的理解。

在伊拉克战争中，有这样一则报道说，一位伊拉克老农用步枪击落美军的“阿帕奇”直升机。当时，很多媒体不假思索地竞相转载。后来，科威特一家报社记者费尽周折，找到了据称用老式步枪击落美军“阿帕奇”直升机的伊拉克农夫阿里，才揭穿了一个天大的谎言。阿里向记者如实讲述了事情的真实经过。3 月 24 日一大早，他照常去自家的农田干活，却惊讶地发现田里“长出”一架飞机，飞机旁边还有呻吟着的两个美国大兵，他撒腿跑到附近的政府部门报告了这件事。很快，一大群复兴党人来这里调查，阿里才知道自己田里的那个庞然大物就是美军的“阿帕奇”直升机。他们随后要求阿里手持一把老式步枪站在被击落的飞机面前对着摄像机称，这架飞机是他用步枪打下来的。阿里觉得这很滑稽，但没办法就照做了。随后，人们就在电视上看到了阿里用步枪击落“阿帕奇”的画面。阿里也一夜之间成为阿拉伯世界的英雄人物。奇怪的是，当时几乎没人对阿里的说法产生怀疑，人们当真以为美军的“阿帕奇”如此不堪一击。其实“阿帕奇”装甲防护能力极强，足以抗击一般轻武器甚至火箭筒的攻击，因此很少有被敌方地面火力击落的记录。但遗憾的是，很多的媒体相信了，缺少冷静分析的观众也相信了。其实，伊拉克无非是想借这个机会来对内增强士气、对外嘲讽美国。

这件事是否可以让我们获得这样的启发，那就是，在观看新闻报道的时候，我们不仅要关注被报道者（报道对象)，也要关注它与报道者的关系，还要关注报道所面向的受众（我们自己）。只有这样，我们对新闻的理解才能不仅仅停留在“是什么”上，更可以进入“谁对谁”以及“为什么”的反思层面。

接下来，让我们再把目光转向美国国内。2004 年美国大选期间，《纽约时报》不断批判布什的行为和政策。你可能对此感到惊讶，他们怎么敢这样对待总统呢？实际上，美国媒体尽管崇尚“客观主义”的新闻观，但在新闻实践中也不可能完全做到客观中立。由于经济上的无法独立，多数媒体都归家族企业或媒体集团所有，他们的背后也受到不同政党和利益集团的影响，所以揭发黑幕，其目的不仅仅是为了还原真相，也是驴象之争在媒体上的角逐。《纽约时报》的这些报道无非是让那些支持布什的选民转而支持他的竞选对手克里，从而也让那些支持克里的人更加坚定立场。这时候，新闻更多地是服务于选举政治和竞选宣传。因此，如果我们在读报的时候，在看电视新闻的过程中，能意识到谁在报道谁，报道给谁看，从关系入手理解新闻，那很多新闻背后的东西也就不言自明了。

2 新闻之于我们

从古人烽火狼烟式的信息传递中，我们领略到新闻的重要功用。这种功用深深植根于当时人们特定的社会形态和生活方式之中。今天的社会远比古代社会复杂，新闻机构的数量之多，规模之大，技术之高，覆盖之广，影响之深，也绝非古代简单、零落的烽火狼烟可比拟。那么，在今天这个时代，新闻对于我们，究竟有何功用？也许可以这样回答：若与古代相比，它的功用既有不变的一面，也有变化的一面。这就如同人类的某些本性永远不变，但他们生活方式和社会形态却已沧海桑田一样。

黑暗处的探照灯

2001 年 7 月 17 日，广西南丹县下拉甲坡矿发生重大透水事故，黑心矿主为逃罪责，买通该县县委书记，并与黑恶势力勾结，对 80 多名矿工遇难事故的消息进行封锁。记者冒着生命危险追踪，政府一查到底，终于揭开了惊天黑幕。

2005 年 5 月 18 日，山西左云张家场乡新井煤矿发生透水事故，57 名矿工被困井下。事故发生后，矿主并没有采取积极营救的措施。19 日凌晨 3 时，矿里来了 6 辆面包车，称是将矿工的家属都接到附近的宾馆里去住，许多不知情的家属都跟着上了车。早晨9时左右，又来了5辆面包车，家属王秀琴坚持要在矿区等待被困在井下的丈夫曹兴祥。6名矿里的工作人员不管王秀琴怎样挣扎，硬将她从屋里抬出，抬到车上。为封锁消息，矿主对家属实行了软禁，并对外一再瞒报遇难者的人数。正是在记者穷追不舍的追查下，才使得这一特大矿难瞒报事件的真相浮出水面。

如同黑暗中的探照灯，新闻将这样一个又一个痛苦的印记呈现在我们面前，将一群群丧尽天良的黑心矿主和贪官曝光，将一件又一件可能被忽略或掩盖的事实揭开。新闻不相信眼泪，因为新闻的使命在于呈现真相，通过对洪水、地震或者传染病等灾难的预警，记者成了我们社会安全的瞭望员，新闻成了那一枚传达和平安全信息的橄榄叶。再让我们进一步看看我们的身边，新闻与我们的密切关系：

38℃！疑似病例！或许这些词仍会让你心有余悸。2003年非典发生的初期，卫生部和北京市的一些官员向公众瞒报了真实的传染状况，让很多人在不够警惕、缺少防范的情况下感染上非典。试想，若不是后来新闻记者对非典疫情的及时报道和政府对信息公开的及时纠偏，举国上下有多少人要陷入恐慌或者死于无形。正是得益于新闻信息的透明化、疫情传播的公开化，才帮我们扫走了 SARS 的阴霾。

股票啊股票，让多少人日夜挂牵。试想，若不是著名调查记者王克勤冒死撕开兰州证券基金的黑幕，又将会有多少股民的血汗钱要付诸东流，多少倾家荡产的股民要欲哭无泪?

若不是对安徽阜阳黑心奶粉的及时揭发，有多少小孩要吃成大头娃。若不是对齐齐哈尔制药二厂生产的假药“亮菌甲素”注射液的及时报道和查处，又有多少胆囊炎患者会死于原本用来治病救人的药品。若没有关注媒体对苏丹红事件的报道，你可能还会坐在肯德基里，对着新奥尔良鸡翅大快朵颐，却不知工业染料已从口入。

新闻，又是新闻！正是通过记者深入不懈的调查，正是通过新闻媒体的放大和警示，真相得以大白，石破换得天惊。我们正是通过记者的镜头，了解瞬息万变的社会里发生了哪些与我们相关的蛛丝马迹，从而确定自己在这个变动社会中的位置以及应该采取的行动。简言之，以新闻应万变，以新闻求安全。打个生动的比喻，当我们行进在漆黑的海面上，新闻如同灯塔，照亮方向、助你归岸；当我们摸索在黑暗的夜色中，新闻如同探照灯，照亮大地、帮你前行。尽管新闻永远不可能完美，无法穷尽真实和全面，但离开新闻，我们很容易迷惑不解、不知所措。

政治话语的传声筒

新闻与政治，即使不是同时落地的双胞胎，也绝对是关系密切的兄与弟，只是两者的关系或明朗或暧昧。伊拉克战争期间，美军禁止记者对在伊死亡美军士兵棺椁进行拍照，禁止记者进入重要军事基地，禁止记者采访囚犯等，新闻自由成了奢谈。为了赢得新闻战，美伊双方的媒体也进行了白刃战，一方说萨达姆已经死去，一方说他还活得好好的，萨达姆的生死成了双方新闻战的焦点。不难看出，此时的新闻服务于政治，政治凌驾于新闻之上。

朱镕基总理曾为中央电视台新闻节目《焦点访谈》题

词，“舆论监督，群众喉舌，政府镜鉴，改革尖兵”，他希望新闻媒体作为党和政府的喉舌，能充分发挥舆论监督功能。《焦点访谈》等新闻节目对假恶丑势力的揭发和批判，代表的就是党和人民的声音。而节目的观看者——广大群众，正是在这样一种观看行为中，获得了伸张正义的快感。正是通过新闻这一传声筒，我们看到了党和国家对台独势力的批判；通过两会的报道，我们听到了西部开发的号角，听到了国家对三农问题的关切。《焦点访谈》用事实说话，新闻是事实，也是话语，传达着政府的声音。这种用新闻事实来做宣传，在中国的新闻媒体中尤其普遍。既然现代社会政治渗透无处不在，新闻当然不能够超然世外。

当然，政府在运用新闻进行宣传的时候，必须要尊重新闻规律，做到像胡乔木同志说的那样，“愈是好的新闻就愈善于在内容上贯彻自己的意见，也愈善于在形式上隐藏自己的意见”。如果新闻服务于政治的时候，违背了事实原则或者过度夸张、不切实际，那么，其传声筒的作用就会十分有限甚至产生误导。文革时期，报纸的过度“造神”运动和“造假”行为就是深刻教训。

衣食住行的晴雨表

有道是，家事、国事、天下事，事事关心。新闻也不全是要有重大意义才能报道，除了关涉国家和社会安全的重大事件外，关乎百姓生活的民生新闻也是不可或缺的一部分。

吴先生在上海的一家公司上班，有一天，要去香港参加会议。可当他开车赶往机场的时候，途中碰到交通管制，不得不绕道而行，由此在路上耽搁了近30分钟，险些错过航班。原来，恰逢上海合作组织峰会举行，部分路段实行了交通管制。其实，报纸电视等媒体提前几天就播发新闻，提醒市民出行时注意规避，如果吴先生能够早点注意到的话，就不会导致那么心急火燎了。可见，这些跟百姓生活有关的新闻，同样十分重要。

我们再来看一个日常小故事。周一，办公室里的小陈和小李发现，彼此竟然都不约而同地穿上了相同品牌的同一款新衣服，一比较，发现型号和质量都没差别，而价格却相差悬殊。一交流才知道，原来小陈看到电视上说有家商场10周年庆，全场5折优惠酬宾，便跑过去抢购。而小李对此事浑然不知，她比小陈花了多一倍的钱买了同样的衣服，为此，她感到十分遗憾，要怪也只能怪她自己没有关注这方面的消息了。

再拿买房来说吧，关注房产市场的信息肯定是必不可少的准备工作，读报纸，看电视，上网，你一方面要关注政府的宏观调控政策，另一方面要关注市场供求的实际情况，还有，你也要特别留意理想的楼盘的销售情况……这时，你可能恨不得把天下所有有用的房产信息都收集过来，这样你才能买得放心、住得舒心。否则，刚一买房，房价就大幅下跌，那可就是悔之晚矣。而如果你通过新闻信息的分析后，把握时机出手，房价就节节攀升，这个时候，你看着自己的房子越来越值钱，肯定会眉开眼笑。谁是你的军师？除非你有小道消息或者资深人士做参谋，否则，新闻就是你的军师。

由此，我们不难领会，新闻不仅仅牵涉到国家大事，也跟老百姓的衣食住行息息相关。所以，养成每天看新闻的习惯，无疑有助于我们妥善安排好自己的工作和生活。从所在地区的天气预报，到市场里柴米油盐的价格，再到小区的宠物圈养的这样一些消息，只要是跟你有关的最新信息，不妨多长几个心眼，留心一下。它不一定会给你带来惊喜或创造直接的效益，但至少可以让你省却一些不必要的麻烦。与时俱进、从容而愉悦的生活，你不想要吗？

茶余饭后的调味品

北京时间2004年8月28日凌晨2点40分，这是一个值得所有中国人铭记的日子。雅典奥林匹克体育场，刘翔在男子110米栏决赛中以12秒91获得金牌，创造了中国乃至亚洲的历史，成为第一个获得奥运田径短跑项目世界冠军的黄种人。“刘翔！刘翔！刘翔飞起来了，体育馆内沸腾了！”主持人也激动起来了。刹那间，口哨声，尖叫声，电视机前的观众近乎疯狂起来。那一刻，通过直播的镜头，看着刘翔身披国旗绕场奔跑，相信你也感受到了胜利的喜悦，享受到了收获的幸福，这就是现场直播给我们带来的激情体验。体育新闻的现场直播，给我们带来了多少幸福的闪电，给我们带来了多少的不眠之夜！这就是体育新闻的神奇之处，它让我们的情绪得以释放，让我们从紧张的学习或者工作中解脱出来，充分享受体育带来的乐趣。

再说开去，来谈谈足球和篮球。想想NBA、德甲、西甲、意甲、英超，多少人为看比赛而熬通宵；想想四年一次的世界杯，多少球迷为之疯狂；小贝的一个发型，让多少人竞相效仿；皇马巨星的中国行，又牵动着多少球迷的眼球；姚明的状元秀，大郅的猛回头，中国海外军团的沉沉浮浮……借助新闻的时空连线，不同国家和地区的球迷分享着同样的喜怒哀乐。在2006年世界杯的举办地柏林，人们见面的第一句话可能就是："今天，你看了吗?"体育新闻不仅是许多人每天生活的"必需品"，也是他们日常生活的时髦谈资，甚至是与人交往的重要"资本"。

当然，除了体育新闻，给我们生活增添色彩的还有娱乐新闻。报纸上，电视里，广播中，网络上，有关音乐、影视、明星的娱乐新闻就像一个五彩缤纷的万花筒，从《康熙来了》到《超级女声》，从"姐弟恋"到"断臂山"，从"喜唰唰"到"无极馒头"，虽然有时候如同烟花绚烂过后的一地纸屑，没什么新闻价值，但是，你肯定不会忘记：在超女红遍大江南北的那段时间里，人们是多么热衷这个话题；当搞怪短片《一个馒头引发的血案》在网上风靡时，人们又是多么的开心。或许，你对八卦不感兴趣，但不可否认的是，有哗众取宠之嫌的娱乐新闻，确实丰富了我们的生活，带给我们不少令人兴奋的话题，甚至给不少人以精神的寄托，让大家在茶余饭后找到可以开怀一笑的理由，枯燥的生活因此变得丰富和轻松。对于这样的调味品，你会完全拒绝吗?

亦魔亦道的双刃剑

正如硬币都有正反面，新闻也有两面性。一方面，你可以成为新闻的主角接受采访，可以利用媒体表达你的不满和呼吁，或者让更多的人来认识你，展现自我，实现成名的梦想。很多名人在进入新闻的视野之前是默默无闻的，一经媒体报道就变得家喻户晓。芙蓉姐姐、郭德纲、后舍男孩……这些横空出世的名人都是媒体的报道者，也是新闻的受益者。

借助新兴的传播技术，你不再只是一个被动的信息接受者，也可以随时随地成为信息的报料者、新闻的报道者。比如，只要你写博客，理论上任何人都可以看到你的“日志”，如果你记录下亲历的重大事件，你的“日志”实质上也就是你的“报道”。伦敦爆炸案的第一条新闻是由博客提供的；德国2006年世界杯，也有博客军团亲临现场报道，通过手机发送最新赛况，新闻正是从他们手中飞出，你我都可能是新闻的生产者。

参与生产新闻的方式其实非常多。当你正巧碰上大街上发生一起交通事故，可以立即通过热线和短信告知媒体，让这则新闻马上被报道和关注。这个时候，你成了新闻线索的提供者；当你发现媒体的某些有关你的报道，给你带来了身心的伤害，你也有权利通过媒体表达你的想法。这都是你接近媒体、利用媒体的权利。胡戈和陈凯歌的有关“馒头”的纷争，韩寒与白桦的有关“80后文学”的论战，这些都在媒体上演，通过新闻而得以放大。他们都知道，在话筒和镜头面前，谁都不能掉以轻心，因为他们的话语很有可能成为“新闻官司”的呈堂供词，而“新闻一言，驷马难追”！

新闻就好像一把双刃剑，你可以用它来为自己服务，但同时，过多的报道也会让我们置于舆论的风口浪尖，不得安宁。比如，当你成为公众关注的焦点，你所不情愿的很多隐私也许就会被公开，这可能是众多明星对狗仔队避之不及的原因吧。你只有利用好媒体，趋利避害，既让新闻为自己服务，又不为新闻所累，才是上上策。

3 新闻的责任与使命

2006年5月11日，《纽约时报》自揭该报记者杰森·布莱尔大肆编造独家新闻的事实，全球媒体哗然。作为蜚声世界的主流报纸，竟然也同样无法杜绝新闻造假的发生，无法完全抵制商业主义的入侵。这一丑闻把创刊152周年的《纽约时报》推到了风口浪尖，也把假新闻和新闻从业者的职业道德问题再度推入公众视野。

尽管我们一再强调，“真实是新闻的生命”，但在现实的操作过程中，由于记者采访的粗糙、报道对象的复杂性、商业利益的诱惑、渴望成名的功利心、编辑把关的疏忽等各种原因，假新闻总是层出不穷。近年来，上海的《新闻记者》杂志每年都评选“十大假新闻”，年年都有作品上榜。如果哪一天，这个榜单没东西可评了，新闻真实的问题也就基本解决了，可是，这一天会到来吗？

真实，只是新闻最基本的底线。在此基础上，新闻还必须客观、全面。实际上，新闻的客观性从来都是相对而言的，绝对客观的报道是不存在的。但是，这并不代表新闻人可以放弃客观，放弃对真相的追求。新闻绝对不能像文学那样任意虚构，也不能浅尝辄止。虚假和肤浅是新闻生命中不可承受之“轻”！

凤凰卫视记者闾丘露薇奔走在阿富汗的战火硝烟中为

的是什么？央视记者柴静赶赴抗击非典的最前线为的是什么？王克勤冒着黑社会悬赏500万元买人头的风险，揭发一个又一个黑幕，为的又是什么？一句真话胜过整个世界的重量。记者出生入死，为的都是呈现真相，这是新闻真实性赋予的使命，如果放弃了这一点，新闻人与长舌妇有什么区别？

对新闻媒体来说，它的操守和责任是什么呢？或许透过半岛电视台的成功之路，我们会得到些启发。[1] 半岛电视台（Al-Jazeera Satellite TV Channel）成立于1996年，“半岛电视台”的中文名称其实是一个误译，阿拉伯语中的Al-Jazeera引申义为“汪洋之中的自由之岛”，真正含义应该是“意见，及异见”。据说该台北京分社对“半岛电视台”这个中译名很不以为然，曾想把名字改过来。当初的译名，可能是想当然地把它和阿拉伯半岛联系起来了。可是“半岛人”的雄心远不止于此，他们想做向全世界辐射信息的独一无二的新闻岛。

半岛电视台坚持的是客观公正、独立、全面、平衡的报道方针。一方面，他们有着非凡的胆识与勇气，敢于同西方舆论唱对台戏，因此成为西方世界的眼中钉；另一方面，他们的节目也会直接触及伊斯兰教教法禁忌，专门讨论伊斯兰教的敏感问题，比如女性的割礼以及禁止女性工作的教规等。甚至，有时候也很不给阿拉伯兄弟国家面子，这让它与阿拉伯主流社会的关系相当紧张。据说，约旦、沙特、埃及、苏丹等西亚、北非阿拉伯兄弟国家曾决定联手对半岛电视台实施“经济封锁和制裁”，打算饿死半岛电

〔1〕此部分参考《解秘半岛电视台》一文，作者：陆晔、展江，《财经》杂志特稿，2004年8月。

视台。尽管如此，它在中东乃至全球的影响力并没有受到威胁。

半岛电视台的成功是有其秘密武器的。从名不见经传到横空出世，从阿富汗战争时期的独领风骚到伊拉克战争的风流尽显，半岛赢得了“海湾的CNN”、“阿拉伯BBC”等荣誉称号，他们的确是在朝向一个新闻自由之岛努力，其影响和专业精神是许多其他大国媒体所望尘莫及的。如果说充分利用作为穆斯林和阿拉伯国家和发展中国家等独特优势，算是它成功的一个重要原因，那么坚持“客观公正、独立、全面、平衡”的报道方针则是半岛电视台取得成功的主要原因。

略举两例，在美军袭击阿富汗的前一个星期，美国国务卿鲍威尔与卡塔尔的埃米尔（即国家首脑）进行秘密交涉，要求该电视台少播放有关阿富汗的情况。但被埃米尔一口回绝，还把美国“秘密交涉”的内容告知了新闻界。以色列总理沙龙上台后，半岛电视台不顾一些强硬阿拉伯国家的不满和抗议，坚持对沙龙进行了专访。敢于向压力说不，体现了半岛的公正立场。如果半岛也像阿拉伯世界的其他电视台一样，还能有今天半岛的成就吗？可见，秉承客观、独立、准确、公正的职业立场是多么重要。

小 结

广义上说，新闻在人类历史上源远流长。这是因为人类的活动是社群性的，需要通过沟通和协作来适应不断变化的环境。正所谓：变动产生新闻，关系决定需要。从远古边境的烽火狼烟到今天无处不在的大众传媒，新闻事业的规模、技术条件和传播方式发生了难以想象的变化，但新闻的基本特点和使命并没有改变：以真实、新鲜的信息告知人们世界的变动情况，帮助人们更好地在这个世界中生存和发展。

不过，新闻只是对世界图景的选择式报道和反映，远不是世界图景的完美再现。也许你会说，新闻只是接近现实世界的渐近线，也正因这样，新闻才依然要坚定前行，去探寻地平线尽头的那一轮真理的太阳，这就是新闻的追求和使命。

第四章

不可不察的假新闻

1 媒体与假新闻

为什么新闻必须是真的？对于一般人来说，这根本不是一个问题——在大部分情形下，人们将“新闻”不证自明地等同于“真实的事情”。作为渗透在生活中的常识，我们很少对新闻为何必须真实进行追问。

凡是对历史稍有了解的人，想必都知道“烽火戏诸侯”的故事。周朝的一位荒淫无度的国君幽王，为了博美人褒姒一笑，点燃了首都镐京附近的骊山烽火台。这烽火本是专门传递边境敌情的信号，诸侯们一见，自然迅速赶来救主，结果却扑了个空，郁闷地回家了事。周幽王成功地娱乐了美人，但却埋下了祸根。不久之后，北方的犬戎真的打进来了，幽王急忙命令点燃烽火，但是诸侯们上了大当之后，这次一个也不愿意来，他们以为幽王又在逗美人开心呢。

这个“烽火戏诸侯”的故事以戏剧性的方式说明了新闻保持真实的必要性。从功能上说，新闻是人们监察社会环境的变动并保持社会各环节协调行动的工具。美国著名报人普利策曾经说过：“倘若一个国家是一条航行在大海上的船，新闻记者就是船头的眺望者。他要在一望无际的海面上观察一切，审视海上的不测风云和浅滩暗礁。”虽然普利策的比喻是针对记者的角色，但是我们也不妨将他这段话看成是对新闻的功能评价。试想，倘若船头的瞭望哨不能真实地报告前方所可能遭遇的危险，反而经常传播虚假的消息，那这艘船怕是要遭受到泰坦尼克号同样的结局了。

链接：约瑟夫·普利策（1847—1911）

约瑟夫·普利策被认为是美国现代报业的奠基人。他出生于匈牙利，犹太血统，1867 年加入美国籍。1878 年，普利策买下了圣路易斯的《电讯报》，开始了他的报业出版和经营活动。1883 年，他以 34.6 万美元买下《纽约世界报》，并依托这份报纸揭露社会弊端，发动社会改革运动，赢得了公众的尊敬，但同时也因为大量刊登煽情新闻而为世人诟病。

普利策创造了编辑写作制——即记者采写的材料由编辑润色、整理、综合成稿件见报。这种写作规则，至今仍是整个新闻界的普遍原则。

成功的报纸经营为普利策带来了大量的财富。1911 年 10 月 29 日，普利策逝世。根据他的遗嘱，由他斥资创办的哥伦比亚新闻学院于 1912 年成立，普利策奖也于 1917 年正式设立。普利策奖包括新闻奖和艺术奖两大类，其中新闻奖主要有公共服务奖、报道奖、社论奖、漫画奖、批评评论奖、通讯奖、特写奖、新闻摄影奖等。普利策新闻奖是美国新闻界的最高荣誉。

因此，对于新闻媒体来说，一个至关重要的原则就是：新闻必须是真实的。新闻中所涉及到的人物、事件、背景、数据、引语、图片等一切信息，都必须经得起核对和验证，不能有半点虚构。

真实，是新闻业赖以立足的根本。解放前，我国有一家对舆论影响极大的报纸《大公报》，在纪念它出版第 10000 期的时候，胡适先生有一句评语，他说：《大公报》之成为中国最好的报纸，不过是因为在这几年中，它做到了报纸最低限度的职责，一是登载确实的消息，二是发表负责的评论。从这番话中，我们能看到，新闻的真实是一个必须但却并不很容易达到的要求。

如上章所述，2003 年，报业巨人《纽约时报》就被假新闻事件搞得焦头烂额：一位年轻的记者杰森·布莱尔声称在 7 个月的时间里，游遍了全美国。他在这段时间里写了 73 篇稿件，但事后据查有 36 篇是虚假的。为此，《纽约时报》在头版向公众道歉，报纸执行总编和编辑主任也引咎辞职。这件假新闻丑闻使《纽约时报》的公信力大大下降，一封读者来信表达了许多读者的心声：

在我还是个孩子的时候，我母亲送给我一本书《第一页》。《第一页》汇集了《纽约时报》许多头版刊登的重要事件。作为一个孩子，我把《第一页》看成是我最喜欢的书之一，我相信里面的每一个字。现在，一切都变了。你们为什么毁掉了成千上万的读者对你们的特殊的信任？

类似的丑闻并非仅此一例。1981 年，同样的污点落在同样声名显赫的报纸《华盛顿邮报》身上。这一年，《华盛顿邮报》黑人女记者珍妮特·库克（Janet Cooke）曾报道过一个 8 岁的海洛因毒瘾儿童的故事，该报道因生动感人而获得普利策奖，但随后被揭出整篇报道全部都是编造的，最终，普利策奖被收回，该记者被开除，整个事件也成为美国媒体每当遇到编造新闻时就被提及的负面典型。

遗憾的是，对于大多数善良的公众来说，他们还是常常将新闻媒体的所有报道都不假思索地当成真的加以接受，而缺乏应有的防范意识。在现实生活中，常常可以听到人们在争论的时候，用“报纸都登出来了”、“电视都放了”等等说辞，为自己的某个说法加以证明。可是，大家想过没有，即使是报纸上登出来了，电视上放出来了，里面所涉及到的事件也并不一定是真的。

还有的朋友可能会高明一些，将媒体区分为“小报”和“大报”，也就是“通俗的媒体”和“严肃的媒体”。他们认为，小报上的消息常常不大确切，而大报则要好得多。首先要肯定，这种做法是有一定道理的。由于对公信力的重视，以及在编辑部运作流程中更为成熟和严格的把关，大报更能够防止假新闻出现。可是前面举过的两个例子说明，即使是大报，完全防止假新闻也绝非易事。尤其是在当今的商业化大潮中，媒体越来越考虑经济效益，报纸越来越厚，频道越来越多，记者和编辑的工作越来越以数量而不是质量为考核标准了。这样，将假新闻弄到版面上就不足为怪了。

2 无处不在的假新闻

2001年，上海的一份专业杂志《新闻记者》的两位编辑有感于近些年假新闻的泛滥成灾，突发奇想，决定评选出“年度十大假新闻”，并且授予相应的“荣誉称号”，以便让新闻界人士自重，也让读者对假新闻的情况有所了解。他们希望2001年的评选是第一次，也是最后一次。但事实并非像他们希望的那样，随后的两年中，仍然不断有假新闻出炉，而且造假手段越来越高。许多假新闻，可能到现在还被许多读者误认为是实有其事呢。

下面我就在这个杂志评选出的2001年、2002年、2003年的“十大年度假新闻”中挑选出几则简单介绍给读者朋友们。大家不妨自己对照一下，看看这些假新闻是否曾经看到过，当时看到的时候有没有信以为真。

假新闻之《中国少女改写牛津大学校史》

新闻内容：来自黑龙江的少女吴杨1998年进入牛津大学学习，在一年后的会考中，她在数学、计算机等11门功课中全部名列第一，这在牛津大学校史上从未有过。为此，牛津大学破格授予吴杨博士学位，并给她颁发高达6万英镑的最高奖学金。

首发媒体：2000年12月19日《生活报》（隶属黑龙江日报社）以《这在牛津大学校史上是第一次》为题报道。

转载媒体：《扬子晚报》、《中华新闻报》、《家庭》杂志、新华网、中新网、《人民日报》（海外版）等纷纷报道、转载，篇幅不断加长，内容不断“升级”。

如何被揭发：2001年11月23日，《中国青年报》发表吴杨的声明表示，她从未获得过博士学位，记者也没有采访过她本人。同一天，《北京青年报》刊登牛津大学官方声明说：吴杨参加了11门考试的说法是不确实的，她在所有功课中都取得满分也是不可能的。

假新闻之《央视全面封杀米卢广告》

主要内容：中央电视台广告部通知一些广告主，要求他们做好准备，撤换正在播映的所有以米卢为形象代言人的广告片。由于更换广告片需要一段缓冲时间，央视决定在6月世界杯赛事以后，全面禁止播出“米卢广告”。

首发媒体：2002年5月25日《南方体育报》刊登报道《米卢广告泡沫即将破灭》。该文作者还声称已经向中央电视台广告部有关人士证实了此事。

转载媒体：2002年5月27日，《21世纪经济报道》、《天府早报》、《华商报》等报纸刊登了有类似内容的消息。

如何被揭发：2002年6月4日，这一说法被中央电视台广告部主任郭振玺在接受采访时明确否认，他说：法律不禁止的，当然可以做。

假新闻之《微波炉是恐怖杀手》

主要内容：根据最新的科学研究成果，微波炉的微波能在人身体上沿神经纤维造成乙酰胆碱的积累，其电磁外溢能造成永远不能愈合的烧伤，微波炉对食品的破坏非常严重等等。

首发媒体：2002年4月23日，《生活时报》文章《莫忽视微波炉的危害》。

转载媒体：该文章先后被全国600家媒体转载！

如何被揭发：2002年7月8日，全国家电标准委员会副主任王世和在接受采访中指出，微波炉所产生的辐射比手机还要小。同时，在欧美和日本等发达国家，家家都使用微波炉，但从来没有证据表明他们缺乏营养。

限于篇幅，这里也只能给大家举出这么几个事例。当这些事情被证明为假新闻的时候，我们可能会一笑了之，觉得也没什么大不了——假就假呗，和我有什么关系。可是，大家要是知道了“微波炉是恐怖杀手”这则假消息的后果，可能就会改变这种看法了。试设想一下，如果您是某著名微波炉生产企业的投资人或者销售人员，恐怕就要痛骂这个该死的谣言散布者了——在这篇文章被纷纷转载以后，2002年五六月份的微波炉销量同比下降40%之多！微波炉生产行业陷入短暂的困境。

细细一数，如今的假新闻真是无处不在：不仅民间的奇闻逸事被以讹传讹，而且文化、科技、经济等领域无一幸免，甚至在最为严肃的政治新闻和国际新闻领域，假新闻也时有出现——2001年，就有假新闻称“汤加出现反华风潮”！其造假胆量真是匪夷所思。当然，假新闻最丰富的温床还是社会新闻和娱乐新闻，科技新闻也不在少数。

3 如何辨识假新闻?

刊登了虚假新闻，媒体应该及时发表更正、向公众道歉。但是，当媒体为它们的假新闻发表更正的时候，说不定对我们个人生活的恶劣影响已经产生。因此，一个更好的办法是“防患于未然”，我们自己学会一些求证和判断新闻真假的方法。请大家先看一则新闻：

荷兰科学家提出骇人假设：太阳六年后将爆炸

太阳何时爆炸？地球何时毁灭？科学家众说纷纭。荷兰科学家万·杰尔·梅尔提出耸人听闻的假设：我们的太阳只剩下6年寿命。

万·杰尔·梅尔是荷兰的天体物理学家，他根据最近11年太阳核温度变化的数据，认为现在太阳上发生的一切与发生在超新星爆炸前的变化十分相似。万·杰尔·梅尔认为，太阳核的温度通常为2700万华氏度，但最近这些年上升到4900万华氏度。如果太阳核温度上升速度越来越快，而这个过程又无法抑制，那么，太阳大约6年之后不可避免会爆炸。

太阳爆炸会造成什么后果呢？我们可以观察离爆炸过的超新星很近的一颗行星的变化。俄罗斯太阳地球物理学院西伯利亚分院的图像资料演示：超新星爆炸后约8分钟，整个星空淹没在巨大而可怕的耀斑之中。接下来，与爆炸发出的使人目眩的光芒一起到来的是看不见的X射线、紫外线和辐射，它们冲破大气保护层，瞬间就会毁灭所有生物。爆炸的辐射能量使大气层和行星表面的温度一下子加热到几千华氏度。海水开始大量蒸发。行星被灼热的气体笼罩。透过浓雾，一只膨胀的球体在闪闪发光，夜色苍穹红里透紫，整个场面十分可怕。

万·杰尔·梅尔的结论让人们深感不安，不过好在这只是他个人的假设，许多科学家都对此表示怀疑。科学家普遍认为：太阳的年岁约45亿年。在此期间，它将耗去太阳核里一半的氢。换句话说，这些“燃料”足够太阳燃烧40亿至50亿年。这个年限如此之长，人们完全不必为太阳的爆炸和地球的毁灭而担惊受怕。太阳地球物理学院西伯利亚分院的科学家谢尔兰·亚泽夫指出，卫星不间断记录最近几十年太阳的辐射通量表明，在我们的行星系里，能量的主要来源——太阳所释放的能量跟过去一样是很稳定的。也就是说，照到地球上的太阳能的数量始终是相同的。根据地质和历史的资料，太阳辐射几万年一直很稳定。否则，地球就会有海洋沸腾和全球冰川的痕迹。

针对万·杰尔·梅尔的观点，还有一种不同意见。由于热核反应的结果，星体上存有的氢“烧尽”，取而代之的是形成氢原子核，以及重元素铁、铀和镍。当氢燃料消耗殆尽，星体的外壳迅速崩裂，并由于沉重的铁核吸引，往里面坠落，在坠落过程中，由于密度增大，电子被质子抓住，形成中子核分离出来的大量中微子。中微子外冲的过程中，又吸引了迎面而来的坠落的星体外壳，让其以极快的速度散落空间，这就是爆炸。但是科学家认为，所有这一切对太阳系的小行星都构成威胁。星体要爆炸成为超新星的话，它至少质量上比太阳要大两倍。

美国宾夕法尼亚州大学教授詹姆斯·凯斯金格的理论也跟荷兰科学家的相矛盾。他并不否认，太阳和其他星体一样，不是永恒的。太阳不可逆转地变得又亮又热，导致地球渐渐脱水，这个过程要达到带来灾难的程度，不像通常认为的要50亿年，而是早得多。计算机计算结果表明，这个过程需要5亿年。美国密歇根大学的物理学家弗雷特·埃杰姆斯倒很乐观。他认为离破坏性聚变还有35亿年。未必会有人能看到太阳的爆炸，因为早在这之前太阳就把一切生物都毁灭了。

科学家对太阳进行系统的研究才100年多一点。关于太阳的科学，从太阳的结构到太阳的活动，均有待进一步研究，人们期待科学家新的成果。（丁永明编译）

有些不以为然？这则新闻原载于2003年1月3日的《环球时报》第13版，并且在报道的旁边还配有一幅新闻照片，照片下的文字说明为“俄罗斯科学家正在用天文望远镜观察太阳的活动”。

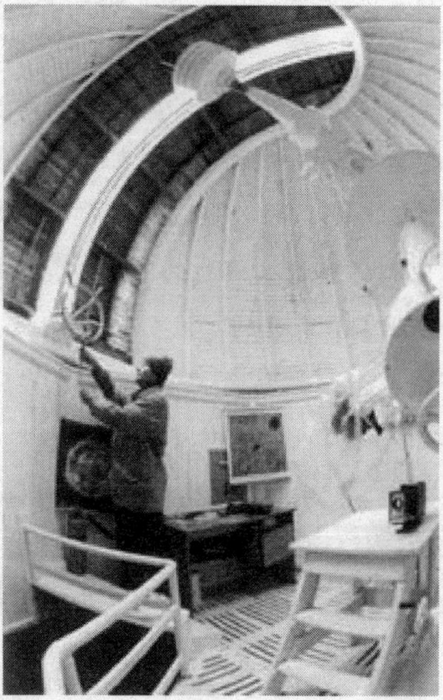

乍一看，这真是令人震惊。图片无疑增加了新闻的可信度。当然，如果你是研究太阳的天文学家或者是这则新

闻的制造者，那么你将例外。许多读者在看到这则新闻的时候，想到的是“问题严重了”：如果太阳真的只有六年的生命，那么我们是不是应该重新安排自己的生活？现在回头一想，这则新闻的制造者技艺很高明，把话说得很“活”——只是说这是某荷兰科学家的个人观点，还提出了很多其他科学家的反驳意见。谎言的制造者很了解公众的心态：对于这种模棱两可的事情，既能引起公众的一定的好奇乃至害怕，同时，又不会有很多人去追问它的事实真相——毕竟只是一种说法啊，这样也就不至于引起公众集体的震动和法律的追究。不过，根据笔者在网络论坛中看到的回帖的数量和内容表明，还是有不少人对这件事情表示了严重的关注：

…………

回帖1：怕不是真的吧？55555555，要是真的，我从明天起就去周游世界。（打算重新安排生活的）

回帖2：当然不是真的，美国马上要打伊拉克了，如果太阳要爆炸，他们还有什么好打的！（回答无逻辑的）

回帖3：估计不会是真的，没听见国际社会有什么反应嘛。如果真有这事，发达国家还不急着想办法，早就吵开了。（运用推理的）

回帖4：楼上的推测未必正确。恰恰相反，我认为，如果是真的，政府为了防止造成公众的恐慌，一定在努力隐瞒这件事情，现在的情况很有可能正是这样！（严重怀疑主义的）

回帖5：要是真爆炸，我们在这里讨论有什么用？就当看一次人类历史上最灿烂的烟花吧，看完了大家说拜拜。（故作乐天知命的）

…………

言归正传，笔者有幸追踪了这则新闻的来龙去脉，发现这篇报道简直就是一个“教科书式的假新闻”，它几乎齐集了造假所必然留下的那些漏洞，经不起推敲，而这些漏洞在真实而负责的报道中很少出现。

稿件来源

其实，如果我们对媒体的编辑过程和规范有所了解，就应该发现这则新闻的一个最明显的缺陷：《环球时报》除了说明这则稿件是“丁永明编译”之外，没有给我们提供任何有关这则稿件来源的线索。通常，媒体所刊布的新闻，要么写上（播出）“本报讯”、“本报记者××报道”、“本报通讯员××报道”、“本台消息”等字样以表明稿件系本报采集，要么写上“新华社消息”、“据美联社消息”、“据《××日报》报道”等字样表明稿件的来源。这不是一种形式化的做法，而是表示对稿件的内容承担相应的责任。而对于如此重大的有关自然界的新闻报道，却没有稿件来源，很难用编辑的疏忽来解释。

消息来源

对于这则新闻，大多数公众也许和笔者一样，对天文学知之甚少，所以很容易被文中的一连串“科学语言”所蒙蔽。不过，在当今社会，专业领域越来越细，越来越深，成为“百事通”既无可能，也无必要——如果你想了解某个专业性很强的问题，向该领域的专家寻求帮助是一个便捷的方法。从某种意义上来说，大众传媒提供专家对新闻事件的分析、解释和评论，正是其作为论坛功能的体现，也是现代社会的一个重要特点。所不同的是，负责任的新闻报道所提供的事实和对事实的解释通常由相关的权威消息来源提供，而一切被称为“小道消息”的新闻则不然，它们没有权威的消息来源，甚至根本就没有确定的消息来源。

链接：消息来源

消息来源和前文所说的稿件来源是有区别的。稿件来源是指新闻稿件本身由谁提供，而消息来源则是指向新闻机构提供某则新闻事实的机构和个人，通常的消息来源有：政府部门或政府官员，社会机构、新闻事件的目击者、新闻事件的当事人、专家或权威人士等。对于新闻界来说，除非是出于保护新闻来源的需要，否则交代新闻来源都是一个重要的报道原则；同时，对于重要的新闻事件，交代新闻来源能够大大提高报道的可信度，而且也就是向公众提供深入了解该新闻事件的一个线索。我们在日常生活中看新闻时只要稍微注意一下，就能发现这些例子：

外交部新闻发言人××在今天的记者招待会上指出……

据村民中的目击者杨××说……

总部设在日内瓦的一个国际环保组织在今天公布的一份报告中指出……

卫生部今天公布了……

据此间一位不愿透露姓名的消息灵通人士说……

以“消息来源”这个标准来衡量这篇新闻稿件，也同样有问题。虽然这篇新闻提供了一个新闻来源——那个荷兰科学家“万·杰尔·梅尔”，却没有任何文字说明他供职于哪个机构，在他的专业领域内有何成就，以及他的观点是否得到了支持等重要信息。

询问专家（权威意见）

在追踪这些新闻源头的时候，笔者访问到了美国的一个大学网站，发现一位天文学教授正在为一些看了这则消息而感到惊慌的美国人提供帮助。这位教授提供了一个数据库，这个数据库收集了所有曾经在权威国际刊物上发表过天体物理方面研究成果的人的名单，这些人中，根本就没有万·杰尔·梅尔这个名字。

一位研究天文的学者告诉笔者，天文学上通常认为，恒星要爆发成超新星，其质量要比太阳大八倍——这一点在文章中也有提到，只不过说是“两倍”。可见，新闻造假者的手段越来越高明。同时，他指出，报纸所配发的照片与新闻并不匹配，因为照片中的望远镜是一种早已被淘汰的天文望远镜！这两个漏洞为我们提供了另一种识别假新闻的方法，新闻报道中本身的漏洞：文章的前后文之间的显而易见的矛盾，或者是所配发的图片和文字报道之间的不对应等等。

顺便说一句，有些报纸为了让报道“好看”，会为报道配上图片。这往往会让我们误以为它是这条新闻的实景图片，其实未必。负责任的媒体一般不会配发与报道无关的图片在新闻旁边，即便配发，也会在旁边注明“照片与本文无关”等字样，以免误导读者。

也可以说，如果媒体的消息让你觉得模糊、不解，或是觉得它故弄玄虚，那么你完全有理由怀疑它的真实性。好的报道是清楚明白，让人有据可查的。

小报

经过一番搜寻，笔者最终找到了这则假新闻的原始出处：《世界新闻周刊》（*Weekly World News*）——当然，这不是那个著名的《新闻周刊》，在美国人眼中，它是一份专门刊登奇闻的典型小报（Tabloid）。

链接：小报（Tabloid）

这个字原来是一种药品的品牌，自 1901 年以来才被用来指“小报”。这种报纸规格大约只有一般报纸的一半，内容方面则极尽煽动之能事。版面上大量使用照片，文字风格不严谨，对暴力、性、灾难、绯闻等则大幅报道以吸引读者。小报的创始人公推英国人 Alfred Harmsworth。他在 1903 年创办《伦敦每日镜报》（*London Daily Mirror*），以小报的形态经营，到了 1914 年发行量已经有 100 万份，而且引起许多同行模仿。一直到今天，《每日镜报》还是小报中的翘楚，尤其是对英国王室点滴的捕风捉影的报道，常常还被国际通讯社引用。

美国小报首推《纽约每日新闻》（*New York Daily News*），由 Joseph Patterson 于 1919 年创办，靠耸动的报道与大量的图片达到高销售量。它小巧玲珑，适合在纽约地铁上阅读。另一份有名的小报是周报形态的《全国探究者》（*National In quirer*），创刊于 1926 年，主要在超级市场和书报摊贩售，内容以传统大报不登的消息为主，也有 400 万份以上的发行量。

小报的新闻报道通常以娱乐性和赢利为主要目的。相对于“大报”，人们对小报的观念是：它们是不值得信赖的。

这则消息从《世界新闻周刊》流传出来以后，著名的互联网搜索引擎雅虎将其收罗在“娱乐”版里。没想到，到了中国，却被《环球时报》这样一份大报作为新闻报道出来，还被许多新闻网站转载，而且堂而皇之地将其放到了“科技”版，编辑的把关作用一点没有体现出来，实在令人遗憾。

再说说这个著名的小报《世界新闻周刊》，它特别喜欢编造一些耸人听闻的“科技新闻”。其手法是“科学术语”+“大胆想象”，一般人往往被它的“科学术语”搞懵，难辨真伪。2002年4月，它还曾经编造过一个“俄罗斯科学家打算炸毁月球”的新闻，不幸的是，2002年5月10日的《南方日报》又将这则愚人节消息当成新闻转载了！

Tips：辨识假新闻的小技巧

·不同的媒体所拥有的公信力是不一样的，相对而言，历史悠久，声誉较好的媒体对新闻的处理更为负责。

·检查新闻稿件是否有明确的发布机构，如“据新华社消息”、“本台消息”等。

·检查新闻报道中的重要事实是否由权威的消息来源所提供，是否有可能向该消息来源提出查证要求。

·新闻报道明显违反生活常识或你所知道的科学常识。

·新闻报道前后文之间相互矛盾。

·向相关领域专家求证某则报道中你所怀疑的事实或解释。

小　结

新闻的本性决定了新闻必须是真实的，而不能像文学那样虚构。但是，在现实生活中，绝非所有见诸报纸、电视、网络等大众传媒的新闻报道都是实有其事。对新闻界来说，保证新闻的真实性是一个基本要求，却绝不是一个简单的要求。我们可以用一些理由来说明这种困难：新闻工作常常面临紧迫的时间要求，新闻人无法在短时间内周密地求证；新闻工作是流水线式的，信息在各个环节的传递和沟通中可能会出问题；新闻工作者不是专业人士，面对许多专业化的信息，他很难迅速判断其真伪；新闻机构常常卷入各种利益和权力纷争之中，甚至为它们所控制而刻意制造假消息……

当然，这里指出真实是困难的，但并不意味着新闻界可以对报道失实不负责任。人们不难发现，那些有公信力的媒体不但较少出现失实报道，而且能够在发生这类事件之后迅速地向公众作出说明或道歉；相反，有些媒体则以不负责而闻名，甚至以制造假新闻为乐事。因此，对于公众来说，媒体的公信力是非常重要的考虑因素。同时，本章列举的一些识别技巧，也能帮助我们有效地判断新闻的真实性，从而避免受假新闻的误导。

第五章

借助媒体维护权利

当前，媒体扮演的舆论监督和民意代言人角色越来越得到老百姓的认可和支持，新闻的力量正日益显现。和其他政治、法律监督相比，舆论监督具有成本低、见效快、传播范围广等特点，因而被公众寄予很高期望。近年来，舆论监督取得成效的一些经典案例，更加深了公众对媒体及其监督功能的推崇。许多人认为，遇到麻烦事首先就该找媒体，只要事情能通过媒体被广泛报道，形成强大的舆论压力，问题就能得到解决，正义就能得到伸张，坏人最终难逃惩罚，受冤屈者的权益也会得到维护。

这种信赖媒体的心态，一方面表明老百姓维权意识日益增强，公民的媒体素养有了一定提高，懂得通过媒体来实现消费维权和自我保护，另一方面也显示出我国媒体在民意表达、舆论监督方面取得了不少进步。比如中央电视台《焦点访谈》节目，以舆论监督有力而名声大噪，有人甚至将《焦点访谈》称为“焦青天”。据传，央视门口曾经活跃着两支队伍，一支是来自全国各地的上访队伍，希望媒体和记者能为他们撑腰；一支是找关系、托后门的大军，请求中央电视台将节目撤下来，承诺“有事好商量”。姑且不论两者是非如何，这两支队伍的存在本身，就足以说明正确发挥媒体的民意表达和监督功能将大大有利于维持社会秩序。

不过，老百姓对媒体的盲目信任和过高的期望，也引起不少专家学者的忧虑和担心：媒体当然是社会正义的重要保护者，但它并不是解决问题的万能工具，它未必能在任何时候都发挥作用，更不是唯一有效的监督手段。正因如此，我们在借助媒体进行维权时，就需要更理性的心态。

1 媒体是公民权益的重要保护者

新闻舆论监督，指的是公民享有依法运用新闻传媒充分发表意见、建议和呼声，表达自己意志的权利和自由；享有对国家和社会事务实行监督的权利和自由。在我国，通常而言的舆论监督其实是“传媒监督”，因为大众传媒通常被称为“舆论界”。我国的政治体制和媒体属性又决定了这种传媒监督实质上是人民的监督，是党和人民群众通过新闻舆论对各级党政机关的工作及社会事务实行监督。海南省省委书记卫留成曾经说过：“舆论监督和媒体曝光是促进政府解决老大难问题的契机。”舆论监督确实在很大程度上保障了人民的切身利益。

哈尔滨“天价医药费”事件

七旬老人翁文辉是黑龙江省哈尔滨市一所中学离休教师，被诊断患上了恶性淋巴瘤，因为化疗引起多脏器功能衰竭。2005 年 6 月 1 日，他被送进了哈尔滨医科大学第二附属医院的心外科重症监护室。在医院住院的 67 天时间里，账单显示他的住院费用 139.7 万元，平均每天 2 万多元。而病人家属又在医生建议下，自己花钱买了 400 多万元的药品交给医院作为抢救急用，合计耗资达 550 万元。2005 年 8 月 6 日，老人因抢救无效在医院病逝。奇怪的是，在 2005 年 8 月 8 日，即病人去世两天以后，医院住院收费明细单上，竟然显示该天病人做了胸水化验。此事经央视《新闻调查》11 月 21 日晚披露后，被称为“最昂贵的死亡事件”。

67 天 550 万，这对中国绝大多数家庭来说，是不可能承担的重负。这样的天文数字除了让老百姓在生病时对医院望而却步，更引发了他们的忧虑：以前我们去医院看病是不是也被医院所蒙蔽？以后我们要是生病，面对这样的天价是不是只能等死？哈尔滨医科大学第二医院到底有没有昧着良心，违反职业道德做出违背广大人民切身利益的事？病人的家属通过媒体监督能讨回说法，维护自己的利益吗？

天价医药费事件曝光后，哈尔滨医科大学第二医院立即成为众矢之的。媒体不遗余力的详尽报道，使公众群情激愤、舆论哗然，不仅让普通百姓了解了事件的来龙去脉，更引起了政府有关部门的重视并开始涉入调查。半年之后，哈尔滨“天价医药费”事件终现处理结果，卫生部、国务院纠风办通报了中央纪委、监察部、卫生部和黑龙江省纪委联合调查组对哈医大二院有关违纪违法问题的查处情况。通报指出，这是一起典型的严重损害群众利益的违纪违法案件，严重损害了卫生行业的形象，造成了恶劣的社会影响。哈医大二院被吊销“三甲”一年，包括院党委书记在内的多名主要负责人被撤销职务。而这一令人略感安慰的结果，也是通过媒体的及时追踪报道才浮出水面的。

从一开始被报道到最终有个还算令人满意的说法，“天价医药费”事件的整个过程中，媒体都扮演着不可或缺的监视镜、联系人的角色。与此事件类似，经由舆论监督而产生重大影响的案例可谓层出不穷。2003 年，《南方都市报》率先披露被收容者遭打死的“孙志刚事件”，一个人的死亡推动了国家一项不合理制度的废止，甚至可以夸张一点说，正是因为媒体的介入，海内外传媒争相报道，互联网争议如潮，引发社会舆论的谴责和关注，造成大范围的认知和影响，才引起主管部门的重视，最终解决了问题。

2007年，山西“黑砖窑”工人奴隶般悲惨境遇的曝光，也让国人深受震惊，深深刺痛了大家的心。人们不禁吃惊地问：光天化日之下，怎么会长期存在这种无法无天、丧尽天良的罪恶勾当？其实不是“没人管”，而是“处理不力”。有报道指出：多年前，湖南省人大代表陈建教就提出要“与山西、河北等多个地方的黑砖窑展开较量，解救出数百名被困的民工”。2006年9月8日，他曾上书温家宝总理，建议在全国范围内清查整顿黑砖厂违法用工问题。“总理曾经作过批示，当时多个部门也进行过一些查处”，为何多年来那些被“查处”的问题，非但没有得到解决，反而愈演愈烈呢？其中一个重要原因就是当年反映问题和处理问题的过程都是暗箱操作的，公众不知情，媒体未报道，社会舆论没有形成声讨的巨大压力。直至2007年5月，河南电视台将“黑砖窑”大白于天下，此事才引起群众义愤，高层震动。在舆论压力下，在全国人民利眼监督下，山西省逐市逐县督查落实“黑砖窑”问题，相关打击、解救和查处情况不断被揭露。山西“黑砖窑”的曝光及随后的迅速查办，又一次印证了舆论监督在保障人民权益方面的重要作用。

2 媒体对社会弱势群体的帮扶

一般来说，媒体对弱势群体的报道大致可分为两类。一类是维权报道。现实生活中，忽视和侵犯弱势群体权益的现象和事件屡见不鲜，如有的地方将应发放给救助对象的抚恤金、捐助款挪作他用；有的家庭虐待幼儿或老人，对他们动辄打骂，不得温饱，甚至将他们赶出家门；有的打工者不仅拿不到应得报酬，而且人身权利无法得到保障……这类报道主要从社会监督角度出发，提请社会关注此类现象或类似事件的发生，既督促总量的解决，又起着警醒作用。另一类是救助性报道，即通过媒体呼吁社会资助急需救济的弱者。例如，某些重大自然灾难或特殊原因加剧弱势群体的困难；有的贫困家庭面对子女上学、严重疾病等特殊困难等。这类报道主要从人道主义出发，通过报道特定对象的实际困难，唤起社会公众的同情心，以帮助弱者摆脱困境。[1]

近年来，对弱者生存的关注、对生命价值的尊重逐渐成为新闻报道中不可缺少的内容。中央电视台的《焦点访谈》、《东方时空》、《南方周末》的“时事纵横”、《中国青年报》的“冰点”，这些媒体或栏目之所以“热”，是因为

〔1〕《强化弱势群体报道》，作者：袁冶，《新闻前哨》，2003 年第 7 期。

贴近百姓生活，发出时代呼声。[1] 这些媒体的记者能够怀着平民感情，以平等视线去观察社会、思考问题，真诚地为弱势群体服务，呈现他们的酸甜苦辣、喜怒哀乐、痛苦与绝望，帮助他们寻找自己的生命价值与尊严，感动着社会，也凝聚着真情。

2003 年 10 月 24 日，重庆农妇熊德明一句不经意的“实话”，让她在一夜之间闻名全国，她也因此拿到了丈夫被拖欠一年的工钱。那天，熊德明打猪草回家，正赶上当时在重庆考察的温总理从她家门前路过，停下来和村民们聊天。熊德明鼓足勇气向总理诉苦，现在农民的收入主要靠打工，她丈夫李建明 2240 元的工钱已被拖欠一年，影响娃儿们交学费。总理当即表示，一会儿就到县城为她讨工钱。当晚 11 点，熊德明一家拿到了 2240 元工钱。总理为农民工讨薪一事被媒体广泛报道后，一场“清欠风暴”行动随即在全国展开。当年 12 月 28 日，CCTV 中国经济年度人物颁奖典礼在北京举行，熊德明被评为“年度社会公益奖”得主，各地有关保护农民工合法权益的规章制度也纷纷出台。

除了对弱势群体进行“临时性”报道外，也有一些媒体记者尝试采用“组织化”的救援机制。2004 年 3 月 28 日，一家志愿性公益机构——华夏都市记者俱乐部在北京宣告成立，由该机构倡导的弱势群体舆论援助活动也同时启动。这项活动旨在促使媒体更加关注弱势群体，拉近媒体与弱势群体的距离，具体做法则是：由记者俱乐部广泛收集弱势群体的信息，为媒体提供报道线索，为记者采访弱势群体创造条件，为弱势群体联系媒体提供资助。同时，

[1]《新闻媒体要多为“弱势群体”鼓与呼》，作者：王云霞，《兰州铁道学院学报（社会科学版）》，2003 年 2 期。

对深入基层报道弱势群体成绩突出的记者予以奖励。华夏都市记者俱乐部资助的弱势群体主要包括：农民和农民工、下岗失业者、伤病员和残疾人、失学辍学儿童、经济困难大学生、灾民、权益受到侵害的消费者、环境污染的受害者等。专家认为，舆论援助弱势群体是一项公益性事业，是贯彻以人为本思想及宪法精神的一项实际行动，应该得到社会各界支持。[1]

---

〔1〕《公益志愿性记者俱乐部在京成立》，作者：科闻，《科技日报》，2004年3月30日。

3 公众如何寻求媒体帮助？

有些公众尤其是弱势群体，往往觉得媒体离自己很远，想让媒体报道自己的困难是一件可望而不可及的事情；或者认为，像自己这种遭遇的人太多了，媒体忙不过来，不会搭理。实际上，报道弱势群体的命运既是公众需要阅读的新闻内容之一，媒体又可以通过帮助弱势群体提升自己的社会形象。对不少有责任感的媒体来说，帮助失学儿童重返校园，帮助民工讨回工钱，帮助一名白血病患者寻找匹配的骨髓，比报道某个歌星被偷拍到这样或那样的绯闻重要得多。问题就在于，当你需要媒体帮助的时候，如何跟他们联系，怎样才可能获得帮助。

基本上，所有媒体都需要新闻源，都会设有专门的、公开的、面向读者收集线索的渠道和部门。像《解放日报》这样的党报为加强与读者的联系，长期设有“群众工作部”，专门接待读者的来信来电和来访。另外，媒体都设有新闻热线，只要你翻开任何一张报纸，在报头旁边或者头版底部，几乎都会印着报社的地址、报料热线、信箱甚至专用 QQ 等联系方式。平时要注意留心一下这类电话，记住几个，可能关键时刻就可以派上用场，一个小小的电话号码就是你和媒体联系的桥梁。有时候，为了跟踪报道和解决某些问题，媒体还会设立专线，比如《广州日报》就专门设立过“欠薪追讨”热线，如果你面临着相似遭遇就可以抓住这个契机积极向媒体反映问题。

仅仅记住热线电话，把你碰到的情况告诉媒体，这是不够的。因为媒体每天都会接到成百上千的线索，如果希望媒体最终能报道自己的事情，就需要根据媒体的报道特点掌握一些技巧，采取相应措施。下面提供几点建议：

1. 争取不要仅仅反映自己一个人的个体的、眼前的问题，如果反映的问题或困难是有普遍共性的，那么就要把这个共性告诉媒体，以强化媒体对此问题的重视程度。尽可能不要就事论事，多些宏观上的思考，更有助于引起媒体的关注。

比如郑州某报1998年4月30日有篇文章，题为《下岗工不屑干农民们争着干（眉题）下岗职工，你到底要“啥岗”？（主题）》。文章说，郑州市某区招聘环卫工人月薪300元为解决下岗职工再就业问题，专门为下岗职工留了几十个名额，但下岗职工应聘者寥寥无几，而农民们都争着要干。当时该区的一位副区长怒斥下岗职工：“你到底要什么岗？你还是有钱花，有饭吃。”这家报纸照抄这位副区长的语言，把它做成消息的标题，批评下岗职工择业观念有问题。这就不符合下岗职工的实际情况。月薪300元，在郑州这样一个大城市怎能维持一家老小的生计呢。下岗职工，多数处于中年，有家室子女之累，和进城的农民工、刚出校门的青年不同。[1] 所以，这则新闻中下岗职工不愿意干环卫工的情况已经不是一个人、一个家庭不可接受的困难，而是一个群体普遍面临的困难。如果你是有类似遭遇的下

---

[1]《弱势群体报道的理性分析》，作者：孔祥科、施宇，《新闻爱好者》，2002年第6期。

岗工人，在向该报反映意见时，就可以放到这个立场上来表达观点，大胆说出自己这个群体面对的集体性困难。从这个角度来谈观点，应该更容易打动和说服记者。

2. 如果你觉得自己一个人的力量不能解决问题，不能引起媒体的高度重视，那么可以去向相应的组织寻求帮助。有了社会公益组织的介入和呼吁，媒体更容易重视你的问题。

弱势群体大都是有自己的保护组织的，比如保护妇女权益的妇联，保护残疾人权益的残联，保护消费者权益的消协等。这些机构往往都和新闻媒体有专门的沟通渠道，如果你的问题是这些机构可以解决的或者是同类中的共性问题，可以向这些机构、组织求助，让他们来帮助你向媒体反映问题，这很可能比你自己去向媒体反映有效果得多。比如最近很多起关于虐待妇女的“家庭暴力”事件，都是妇联出面进行呼吁，媒体才进行广泛报道的。

3. 根据自己问题的特点，选准媒体关注报道的良好时机，时机选得好能收到事半功倍的效果。如果把握了媒体在某些时间段的报道“热点”，结合这些“热点”反映相关问题，会更容易被报道。

残疾女许小燕购买假肢遭欺骗，在各级残联和民政部中国假肢协会的帮助下，她最终维护了自身权益，获得双倍赔偿。这是一件残疾人利用法律法规维护自身权益的典型事例，如果在媒体上播出，会对广大残疾人维权起到很好的作用。但是当时残联没有急于提供这条新闻，而是等待《残疾人保护法》系列宣传启动时，选在助残日当天请媒体播出这档节目，产生了极好的效果。[1] 另外，三八妇女

〔1〕《把握好对弱势群体关注的分寸》，作者：吴雪琪、蔡耀华，《视听界》，2001 年第 6 期。

节、“3·15”消费者权益保护日、重阳节等都是维权报道的好时机，在这些节日前后向媒体提供相关的新闻线索，会产生比平时更高的关注度和更好的报道效果。

4. 邀请、配合记者一起来体验自己的困难，更容易让记者产生“感同身受”的体验，也更能够让其报道激发读者“身临其境”的共鸣。

在弱势群体需要反映的问题中，有不少是长期积累、具有深层次原因的问题。而记者往往无法深切体验到这种问题。新闻学教育中有一种报道形式叫“体验式报道”，即由记者在亲身体验中采访，有了实际经历后才进行报道，这种报道往往以第一人称进行叙述，非常容易打动人，比单纯的第三人称讲述要更具真情实感。

比如针对春运中的民工买票难、回家难的问题，《楚天金报》派记者陪同农民工回家，采写了一组体验式报道，全面反映农民工的回乡之旅。采访过程中，记者与民工一起在客运站、客运港买票，一起排队上车，一起挤在拥挤的车厢或船舱里，陪着民工聊天，了解他们的工作和情感。有的记者还徒步走了20多公里的山路，陪一位民工回到他的家里，看一家人团聚的情景。完成采访后，记者迅速写完稿件，用邮件或传真机传回，经过编辑修改和组稿，一个系列报道《走在回家路上》见报了，引起了读者的关注和好评。[1] 因此，当体验的成本不是很高，而且具有可行性的时候，我们不妨主动邀请记者一起体验；如果记者愿意来进行体验报道，也不必感到拘束、尴尬或者别扭，只要尽可能地配合记者，提供他们想要看到和体验到的事实即

---

〔1〕《关注弱势群体 凸显人文关怀——城市外来人群报道浅谈》，作者：覃万钟、王晶，《新闻前哨》，2002年第7期。

可，并告诉他们自己的真实感受。

5. 如果问题紧急且具有多数媒体关注的新闻价值，可以考虑在有限的成本下召开非正式的“新闻发布会”。

在一般人看来，召开新闻发布会是官方或商业机构才拥有的“特权”，这种形式显得很郑重其事。其实也并非全然如此，如果个体遭遇引起了媒体的普遍关注，普通公众同样可以通过开发布会这种形式高效地进行信息传播。我们来看看发生在西安的两起事件：

宝马彩票事件

2004年3月23日，西安小伙刘亮在西安市东新街即开型中国体育彩票发售现场，幸运地摸得头奖：一辆宝马轿车加12万元人民币。然而还没等刘亮从喜得大奖的兴奋中回过神来，就被西安市体彩中心告知其所持中奖彩票是张假票。3月25日下午，刘亮爬上了位于东新街体彩大卖场旁边的高约6米的广告牌上，要求还自己一个公道。当日多家媒体记者赶赴现场，包括《西安晚报》、《华商报》、《三秦都市报》等当地有影响力的报纸对此事进行了报道。3月28日，刘亮在自家大院，召开了平生第一次记者招待会。当天，数家媒体的十余名记者陆续赶到刘亮家中采访，由此开始了历时一个半月的“宝马大战”。

这起造成重大社会影响的事件很快水落石出。彩票发行商杨永明承认，此次彩票销售的四个宝马彩票大奖得主中，前三个得主都是他请的“托儿”，他所聘请的孙承贵也是其作案同伙，负责中奖彩票的兑奖和保管。但在刘亮抽奖的那次，他在调包时拿错了信封，才使刘亮幸运地摸得宝马车，最终使彩票造假事件浮出水面。真相大白后，6月4日，刘亮如愿领回了属于自己的宝马车。12月3日，杨永明、孙承贵等人被西安市中院以诈骗罪判刑，陕西省体彩中心原主任贾安庆等6名体彩管理干部也分别受到法律的制裁。

民工讨薪维权新闻发布会

2005年8月2日，在西安市高新区一狼藉不堪的工地院落内，40余名农民工临时搭建起了“民工讨薪维权新闻发布会”场面，然后以“平静”心态期待着媒体记者们的到来。在“新闻发布会”会场的对面，就是他们流血流汗建起的“半拉子”楼房。据了解，这些农民工所在的工地于2003年12月开工，2004年11月停工至今，建筑方拖欠农民工工资累计约80万元，长达一年多时间，涉及农民工150人。

就在发布会召开的两天后，西安市总工会和劳动监察部门专门把被欠薪的农民工和建设施工单位叫到一起，就解决欠薪召开了协调会。建设单位在会上表示同意尽快出钱解决农民工被拖欠的80万元工资。可以说，在某种程度上，农民工达到了自己的讨薪目的。不过，组织协调会的部门也表示，不赞成农民工通过这种方式讨薪，讨薪还有更理性的方式，即通过法律途径解决。

上述两个案例告诉我们，在特殊情况下，当弱势群体的遭遇具有一定的社会关注度或者普遍性时，召开新闻发布会也是一种行之有效的方式，尽管这种形式只适合极少数情况采用。

值得一提的是，很多记者会抱怨，他们在接到报料时，群众的情绪总是过于激动，无法客观、细致地叙述事件的发生过程，往往非常偏激、主观地进行批判或过度悲伤地进行宣泄，尽管记者抱有同情之心，但这种“情绪化”的报料方式并不利于记者搞清基本事实，顺利开展采访。因此，我们在跟媒体打交道的时候需要尽量克制自己的冲动，把事实讲清楚，如果能把意义适当“点”清楚就更好了。

Tips：普通人向媒体求助的原则技巧

1. 诚实：如实向媒体反映自己的困境。

2. 特殊：在你决定向媒体请求帮助的时候，你要掂量你的情况是否具有特殊性。

3. 多试：你确有困境，但记者就是不理睬或者表示无能为力，这是常有的情况。这种情况下，不要灰心丧气，多找几个记者，多找几家媒体。

4. 适当：不可滥用媒体和社会对你的同情，一旦募集到基本能够帮助你摆脱困境的资金，就应该适时停止接受援助。

5. 自尊：不到万不得已，不应该向媒体求助。

6. 理解：媒体不是万能的，媒体的帮助要遵循公平公正、人文关怀、法治精神、同情弱者等原则。（来源：作者：李仁虎，《如何与媒体打交道》，P121—122，新华出版社，2005 年）

4 理性看待媒体的作用

媒体有自己的运作机制和报道规律，担负着服务社会的责任，帮助消费者维护合法权益、帮助弱势群体反映问题是其职能之一，但媒体承担的社会功能是多方面的：既要监督权力，也要传播信息；既要关注公共事务，也要提供休闲娱乐……因此，媒体不可能每天都拿很多版面和时段来搞维权报道。事实上，即便是全部都用来报道维权事件，也不能把天下所有的问题都报道完，解决掉。所以，公众不能因为自己的问题没有得到报道，或者报道之后没有得到解决，就抱怨媒体的不作为，就感到自己受到了歧视或被社会抛弃，反复地问自己“媒体为什么就偏偏不帮助我”。这种极端的想法是非常不可取的。

媒体在选取报道素材的时候，会受到多方面因素的限制，即便是记者自己特别想报道的素材，也可能因为这样或那样的原因而无法报道。何况，从新闻价值的角度看，媒体更关注“反常”的东西，即新鲜的新闻事实，媒体报道的问题必须是大多数人都十分关心的具有典型意义的。媒体必须站在整个公众的角度来决定报道的内容，而不是某一个人的个人角度。你遭遇的困难对你来说可能是头一次，但对读者来说，可能是司空见惯的事情，媒体不可能只充当救助你个人的工具。

在不少人的观念里，存在着一个“媒体神话”，认为什么问题只要媒体报道了，就会迎刃而解。其实，完全不是这样，事实正好相反，媒体不仅不是“万能”的，从某种意义上说，媒体甚至是非常“无能”的。媒体所能做的，只是反映问题，而不是解决问题，它只能把问题摆出来，引起社会的关注。要解决具体的问题，媒体是无能为力的，仍需要专门的部门依靠行政权力来解决。媒体不能越俎代庖，具体事务还得由相关部门承办。

正如李普曼对媒体所做的“探照灯”比喻，媒体只能将藏在暗处的事务一件一件地带到光亮之中，引起人们的关注，它既不可能照亮所有事务，也不可能去亲自解决它们。监督公共事务、维护公民权益，归根结底还要依靠社会民主和政府善治。

小 结

媒体是一种强大的社会力量，通过报道新闻事件，它将人们分散的目光聚集到一起；通过发表各种观点，它还促成了意见的交流和整合，最终形成广泛的民意，从而促成问题按照公平正义的方式得到解决。当前，我国社会处于急剧的转型之中，传统社会交往模式正在发生裂变，市场经济塑造出新的权利主体。在这个过程中，也必然伴随着各种各样的争议现象和不公现象。为此，媒体更有必要承担社会责任，发挥聚光灯效应，关注社会焦点、难点问题，通过报道促使问题得到解决。

不过，人们也应该认识到，《焦点访谈》这样的“焦青天”可不是“包青天”。媒体不是法院，它只有报道新闻、监督公共机构的权利，而没有最终判定谁是谁非的权力。因此，在我们的维权行动中，可取的做法是：有策略地寻求媒体的帮助，但不要神化媒体的作用，更不要将全部希望寄托于媒体身上。

第六章

媒体里的“煽色腥”

《妻子不甘被插足　愤泼第三者硫酸》、《变态杀人狂连杀10名幼童》、《某明星撇下家中妻儿泡夜店》……明星八卦丑闻、强奸杀人重罪、稀奇古怪新鲜事，在如今的报纸、广播、电视和网络上屡见不鲜。耸动的标题、刺激的内容似乎成了吸引读者、观众、听众和网民的不二法宝，诸如此类的新闻在各大门户网站的新闻排名中总是牢牢占据着前三甲的位置。

2007年的上半年，不少人孜孜不倦地谈论着杨丽娟追星事件的进展，各大媒体事无巨细地报道着杨家父女追刘德华的行踪。有的电视台请来了心理专家分析杨家父女的心理疾病，有的报纸贴身采访杨丽娟入港办理自杀父亲的身后事，还有三流歌星捐出5万元让杨丽娟能够再去香港"完成心愿"……一时间，"杨丽娟事件"占据了大小媒体的主要版面，关于此事件的新进展、新发现层出不穷。不少媒体抱持着这样的心态：是否独家无所谓，就怕漏了任何的蛛丝马迹。直到大家都有点"杨丽娟"疲劳的时候，媒体才终于罢手，一场风波逐渐平息。

媒体怎么了？为什么会爆炒耸动新闻，不遗余力地挖掘花边新闻，孜孜以求地寻觅暴力刺激新闻……是读者对"重口味"新闻真的那么感兴趣，还是媒体有什么特殊目的？答案暂且不论，至少"煽情"、"色情"、"暴力"已经成为新闻媒体上屡见不鲜的普遍现象。

1 “煽色腥”的媒体

煽色腥主义

煽色腥主义或煽情主义（Sensationism），绝不能仅仅看作是黄色新闻的代名词，它主要指对丑闻、色情或犯罪等内容进行绘声绘色、刺激感官的新闻报道手法，具体则表现为：内容选择上，减少严肃新闻的比例，将名人趣事、日常事件以及具有煽情性、刺激性的犯罪新闻、暴力事件、灾害事件、体育新闻、花边新闻等内容作为新闻的重点，竭力从严肃的政治、经济变动中挖掘其娱乐价值；表现形式上，新闻标题出现了煽情化倾向；叙述方式上，强调情节性，片面追求新闻的趣味性和吸引力，强化事件的戏剧性悬念或煽情、刺激的方面。[1]

新闻媒体在利益驱动下，通过煽情的新闻来提高收视率或阅读率，它们将焦点聚焦在耸人听闻煽动人心的故事上，新闻报道中的人物通常奇形怪状，故事情节也曲折离奇，但对于大多数人的生活没有什么实际意义。越来越多的大报新闻开始通过使用小报常用惯用的伎俩吸引读者从而提高利润。

〔1〕《新闻娱乐化与“煽情主义”兴起背景之比较》，作者：聂祎、文慧，《新闻前哨》。

链接：黄色新闻

黄色新闻（yellow journalism）是指 19 世纪中期兴起的以极度夸张及捏造情节的手法来渲染新闻事件的新闻报道。黄色新闻主要报道关于色情、暴力、犯罪方面的事件，以达到耸人听闻之效进而扩大报纸销量之目的。

“煽色腥”的新闻席卷全球，它发端自西方媒体娱乐异常发达的国家，在我国台湾和香港地区落地扎根，愈演愈烈，而随着内地改革开放尤其媒体市场化进程的加快，“煽色腥”也无可避免地像苍蝇一样随着新鲜空气飞了进来。

西方国家：由来已久

在西方国家，尤其美国，“煽色腥”的新闻由来已久，到上世纪 90 年代初期，煽情风愈演愈烈。随着标志性的“三大案”的发生，新闻媒体炒作新闻、娱乐化倾向、重视眼球效应的特征已被充分凸现出来。我们来简要回顾下曾经举世闻名的三大案，这三大案发生后，媒体都进行了连篇累牍的报道，将“煽色腥”之风刮到了极致。

辛普森杀妻案

辛普森，(20 世纪）六七十年代美国一名杰出的橄榄球运动员，退役之后成为著名的电视节目主持人和影视两栖明星。他与白人妻子妮科多年不合，并且有多次体罚虐待其妻的记录。1992

年3月，妮科提出离婚，并得到法庭批准。但是，离婚之后，他们却时常在一起抛头露面，甚至继续同居，辛普森的暴力行为也始终没有停止。

1994年6月12日，辛普森前妻妮科及其男友戈德曼在洛杉矶寓所双双被杀。案发之后，警方所确定的杀人嫌疑犯首先便是辛普森。警方对辛普森的住所进行了搜查，发现了与死者血型一样的血迹，以及手套、球鞋等与出事现场留下的痕迹相吻合的物证。法医的检验也证实，在出事现场发现了与辛普森血型一样的血迹。

在辛普森一案中，警方已经掌握了足以证明辛普森杀害前妻及其男友的证据，但他们为使案件更加“铁证如山”，愚蠢地伪造了一双沾有辛普森和他前妻血迹的袜子。正是这双袜子，最终被被告方证明为实验室里的产物，陪审团哗然。他们在近40个小时的讨论之后，一致作出被告无罪的判决。

戴安娜王妃之死

1981年7月29日，查尔斯王子与戴安娜王妃在白金汉宫结婚。查尔斯和戴安娜的婚礼被视为世纪童话。然而，英国王储查尔斯和戴安娜王妃的这段童话式婚姻于1996年正式结束，戴妃婚后一直饱受查尔斯和卡米拉的婚外情、暴食症和抑郁症等困扰，多次企图自杀。

在离婚后至车祸身亡期间，戴妃曾传出多位情人，其中包括前王室近卫骑兵团军官休伊特和巴基斯坦心脏科医生哈桑纳特汗。1997年8月31日，戴妃和男友多迪在巴黎为摆脱穷追不舍的“狗仔队”时，不幸撞车身亡。2003年10月24日，造成戴安娜车祸身亡的3名法国狗仔摄影师接受巴黎法庭的审判。

克林顿总统绯闻案

1998年1月23日，琼斯性骚扰案中证人、白宫前实习员莫妮卡·莱温斯基被指控与克林顿有染。克林顿则暗示莱温斯基要她否认他俩的关系，同时克林顿在接受琼斯案“庭外供证”时，也否认与莱温斯基有任何关系。4月1日，阿肯色州小石城地方法院法官苏珊·韦伯·赖特否决了琼斯在性骚扰诉讼中提出的一切指控，但指出克林顿不能因行政官员豁免权而免于接受调查。

同年8月17日，克林顿向全国发表电视讲话，承认他和莱温斯基有“不适当”的关系，并承认他和莱温斯基的关系是错误的，他对此将承担全部责任。但他强调自己“在任何时候都没有要求任何人撒谎、隐藏和销毁证据或做任何其他违法的事情”。

1999年1月7日，参议院开始对克林顿进行弹劾审判。2月12日，参议院在对克林顿总统弹劾案的最终表决中，以45票赞成对55票反对否决了对克林顿的第一项弹劾条款，即指控他在绯闻案中“作伪证”。以50票赞成对50票反对否决了他“妨碍司法”的第二项弹劾条款。两项表决都没有达到宪法规定的对克林顿定罪和免职的票数。至此，参议院审理克林顿弹劾案宣告结束。

港台地区：愈演愈烈

在我国台湾和香港地区，“煽色腥”的新闻从未退出公众的视线，随着媒体竞争日益激烈，这股“煽色腥”风更有愈演愈烈之势，反对之声也从未停止。

以香港媒体为例，第一次是1995年香港艺人的反抗运动——Bodystrock，大家都戴着口罩，三天不对媒体说话。第二次是1998年前后的“陈健康事件”，《苹果日报》老板为促进发行不惜重金捏造新闻，导致万人上街游行，最后以“肥佬黎”在头版道歉收场。第三次则是重磅炸弹的“刘嘉玲裸照事件”，香港艺人集体游行抗议。

东周刊事件[1]

2002年10月30日出版的香港英皇娱乐集团旗下的《东周刊》第521期在封面刊登了香港艺人刘嘉玲在12年前被人绑架时拍下的受虐裸照，引起社会公愤，还举办大规模的游行示威。

500多名香港影艺界人士举行集会，抗议香港《东周刊》刊登女星被虐裸照事件，被影射的影星刘嘉玲现身。她表示，虽然她受到很大的伤害，不过她会坚强地支持下去。在全港艺人的强烈谴责下，迫使英皇高层不得不公开道歉，更责令肇事的《东周刊》即时停刊，导致200多名员工失业。

在香港第二大杂志《东周刊》停刊后，香港第三大杂志《三周刊》立即以《被虐裸照真相公开》为封面故事；稍晚几天的第一大杂志《壹周刊》则去考证刘嘉玲与英皇老板杨受成的三重恩怨。

在这一连串的事件中，第一次只有艺人参与，第二次有公众加入，第三次连香港特区政府都出面表态。不过，社会各界对“煽色腥”的质疑似乎收效一般，2008年1月下旬，明星陈冠希爆出的“艳照门事件”再一次引发了两岸三地媒体的疯狂追逐。

〔1〕信息提供：陈昌凤，北京大学新闻与传播学院副院长，从1995年开始研究香港媒体。来源：2002年11月13日《三联生活周刊》。

Tips：判断“煽色腥”新闻的标准

台湾有线视讯宽频网络发展协进会理事长赵怡、东森电视事业股份有限公司信息编辑中心经理陈嘉彰在2005国际媒体与传播研究学会上曾分析归纳八卦风潮下《苹果日报》、《东方日报》、《壹周刊》等台港报纸所呈现的“煽色腥”内容特点，这些特点可以作为公众判断“煽色腥”新闻的标准[1]。

1. 版面编排上掺杂大量广告，甚至头版全版广告。部分版面的广告内容大于新闻内容。

2. 在新闻处理上经常小题大做，或运用大量夸张、耸动的报道方式。

3. 对于车祸、斗殴、凶杀等意外新闻的处理手法显得可议，清楚刊登，连血流满面的照片也不做任何处理（如马赛克）。

4. 对于犯罪新闻的过程描述过于详细。

5. 辟有色情内容专版，内述文字露骨煽情。

6. 刊登色情广告，清楚刊载从事色情服务小姐的花名、照片、价钱及联络办法。

中国大陆：方兴未艾

早在20世纪八九十年代，随着我国都市类报纸的兴起，“煽色腥”新闻已经出现。都市类报纸将“城市居民”作为主要读者群，并由此来确定办报思路和风格。如《华西都市报》创办伊始就将自己定位于市民生活报，读者对象是“大中小城市的市民”。此类读者受一定文化层次的局限，不会对过于严肃和高端的新闻内容有浓厚兴趣，相反，他们更倾向于刺激性强的都市新闻。作为都市报纸内容的四

〔1〕《台港媒体乱象与公信力难题——台港媒体走马观之一》，作者：荆成，《青年记者》。

大支柱，社会新闻、文化新闻、体育新闻及副刊文章等，都不同程度地被软化，部分都市类报纸为单纯迎合读者、吸引眼球大打“煽情牌”，体现出报风低下和媚俗化的倾向。“王菲产子”、“窦唯烧车”、“杨丽娟追星事件”、“冯小刚开骂”等都成为了媒体争相追逐的“大新闻”和“热点时刻”（hotspot）。

冯小刚怒骂记者事件

2004年10月18日，在北京举行的影片《天下无贼》新闻发布会上，某周刊的记者自报家门准备提问。听到这家周刊的名称，冯小刚很生气：“你们太无耻了，居然把明星的住址公布在你们的刊物上，而且还画上地图……”记者争辩道：“因为读者喜欢看啊。”冯小刚更火了：“你还说读者喜欢看，我×××想抽你！”

次年1月，“贺岁之王”冯小刚在拍《夜宴》的同时，抽空去看了张艺谋和陈凯歌的作品，但首选了张艺谋的艺术片《千里走单骑》。在一次新闻发布会上，一位女记者问冯小刚为什么先选择看《千里走单骑》而不是陈凯歌的《无极》，冯小刚顿时“跳”了起来：“你问这话有点操蛋，我觉得你有点挑拨离间的意思，我这人说话可能有点糙，反正我挺不高兴的。你让我不高兴了，所以我也要你不高兴。”

对这两次“娱乐事件”，不少都市类报纸娱乐版进行了大篇幅报道，记者无心去探究“地图”刊登背后的隐私权问题或者反思自己提问时是否“别有用心”，而只将注意力聚焦于双方的冲突和矛盾，放大冯小刚的坏脾气，借此吸引读者关注。

2 明星·八卦·狗仔队

小吴的香港游

好不容易等来了公司的休假，在一家外企工作的小吴跟旅游团来到了香港。刚到香港，她就兴冲冲地跑到了一家报摊，想也没想就在一堆报纸杂志中要了一本《东周刊》。在内地这本周刊可是赫赫有名，但由于大陆不能看到这本杂志的“庐山真面目”，小吴有些迫不及待。《东周刊》由于刘嘉玲事件在内地“名声鹊起”，曾经一度停刊，现在复刊后不知道变成了什么模样。

香港的狗仔队是出了名的，小吴也听说过一些“敬业”的狗仔队，为了能够拍到明星的出位照片，蹲点三天三夜，钻厕所、翻垃圾无奇不有。小吴觉得这些狗仔队也不容易，平时生活中用来消遣的小道消息、明星情感生活不就是他们辛辛苦苦拍出来写给读者的吗？

小吴也知道，港台的明星和狗仔队关系很紧张，毕竟现在娱乐新闻做来做去也就那么些模式，想要获得造成轰动的新闻，不进行些跟踪、杜撰等非常手段的确搞不出什么花样，而这些必然会侵犯到明星的隐私。可老百姓不就喜欢了解些公众人物的隐私啊、八卦啊什么的么，其中的尺度到底应该怎么拿捏呢？

我们常用“八卦”一词来形容明星的诽闻、隐私等，其实，“八卦”原指《周易》中八种由阴爻和阳爻构成的具有象征意义的图形。有学者考证，上世纪三四十年代，香港报纸的许多副刊喜欢找人写些很短的小方块文章，版面排成八卦图形的模样，因此这些文章就被称之为“八卦”。这些“八卦”主要是探奇搜秘，东家长、西家短地道人隐私。这样，“八卦”就有了新的内涵，即指那些鸡零狗碎、闲言碎语、偷窥别人隐私、是非的信息。

中文“八卦”的正规称谓应该是“流言飞语”或“闲言碎语”，而在英文中，八卦就是 gossip，是指轻浮、常常无根据的传言，一般涉及个人的、耸人听闻的和隐私的消息。所谓的八卦新闻，泛指新闻媒体对于知名公众人物，如政治人物、演艺明星、企业名流等私下言行及内幕隐私的相关报道。

这些报道内容有些是经过细心追访，谨慎查证；有些则是道听途说、缺乏证据；有些是无伤大雅、博君一笑；有些则是粗俗卑鄙、丑陋不堪。那么，“流言飞语”或“闲言碎语”，甚至失实、粗鄙的“八卦”，为何始终存在于媒体之中呢？分析下，主要有三个原因：大众趣味、媒体利益、社会环境。

大众趣味

八卦新闻满足了社会大众窥视的欲望。这种窥视的欲望首先来自于明星在生活方式和生活状态方面同普通人的巨大反差。当今社会，由于美貌、名气、财富等因素，明星往往成为很多普通人所羡慕、模仿的对象，成为时尚与潮流的化身，拥有了巨大的悬念和诱惑力。由此，自然会引发人们尤其粉丝的探求兴趣和窥视欲望。此外，八卦新闻也满足了受众心理宣泄的需要，如发泄不满、印证偏见、平衡心理、幸灾乐祸、窥探性的秘密等。

媒体利益

当发行量、收视率等市场化指标成为媒体的生命线时，媒体内容的生产和销售不可避免地要按照商品原则来进行，即什么商品最好销、消费群体最大，就生产什么。受众和媒体之间的关系也变成消费者和生产者之间的买卖关系。这种买卖关系，决定了媒体选择产品时要听命于受众，受众的消费欲求主宰了媒体产品的生产、流通过程。媒体想要有利润，就必须创造出迎合受众需求的新闻产品。

媒体市场就像一个大蛋糕，加入竞争的媒体越多，各自所能切到的蛋糕就越少，越来越拥挤狭小的市场空间必然酿成媒体间的全方位的殊死搏斗，媒体的市场竞争日益激烈。在激烈竞争中，“八卦新闻”成为不少报纸获取短期利益的利器。

有位资深新闻工作者曾坦言，过去采访一个名人，写一篇明星轶事，就有吸引力。现在名人多，媒体也多，一般采访已经难以满足读者口味了。所以，面临激烈甚至残酷的市场竞争，为了抢夺有限的注意力资源，媒体必须要各自大显神通，尽量提供一些不一样的东西并且尽可能制造“卖点”以求生存、争市场。“八卦”对“独家”、“重磅”的追求，对“内幕”、“隐私”的挖掘刚好满足了这种需要，这使它成为广受媒体欢迎的争夺受众注意力的有力武器。

浮躁的社会

有人说，这是一个缺乏信仰的时代，浮躁和焦虑成为多数人的时代病症。伴随传统社会的消失，现代社会尚未完全形成，处于转型期的公众逐渐失去了对意义的探寻，而更迷恋于单纯的娱乐和简单。此外，生活节奏的加快和竞争压力的加大，人们更倾向于从媒体信息中获得娱乐和放松。由此，越来越多的公众接触媒体信息，并不是要从新闻中获得信息或者意义，而是把新闻当故事来阅读，希望满足自身的好奇心和窥探欲。从这个角度看，“八卦新闻”无疑最具有娱乐价值，也最能满足公众“浅层阅读”的直接需求。

社会的浮躁，也造就了娱乐时代明星与狗仔队之间“唇齿相依”的复杂关系，他们之间，如同水与舟——水能载舟、亦能覆舟。明星需要狗仔队来“搏版面”、“上头条”，狗仔队也需要明星的新闻、绯闻乃至丑闻来“养家糊口”，他们之间谁也缺不了谁，却又常常处于水火不相容的状态。台湾当红的“小天王”周杰伦甚至还写了一首暗讽狗仔队的歌，一时间也成为了媒体热炒的焦点。

在英美等一些发达国家，“公众人物无隐私”已成惯例，除了在私人场合的私人行为外，明星在公共场所的一言一行几乎都可以被媒体报道。娱乐圈是靠着公众关注度而生存的，在新闻造势作用极其强大的当代社会，媒体是任何明星人物成名的“跳板”，明星们为了获得人气、提高身价，十分需要媒体的追捧与报道。所以，明星会将自己的一部分隐私作为新闻素材拱手相让，任由媒体加以宣传和炒作，以期博得尽可能长时间的关注。甚至有人愿意将隐私当作维持其名气、抬高其身价的“制胜法宝”。娱乐明星的代价之一就是牺牲一部分隐私以满足大众的窥私欲和猎奇心理。此外，明星作为公众人物，其行为对社会具有示范意义，更需要被监督。

链接：狗仔队

“狗仔队”原为意大利文“Paparazzi”，首次出现于1958年，正式翻译名应为“追踪摄影队”。1960年，在意大利导演费里尼执导的电影《甜美生活》中，男主角马斯杜安尼就是八卦新闻记者，经常出入上流社会，为寻找题材而搜肚刮肠。1963年，费里尼的《八部半》再度出现八卦新闻记者的角色，奠定了“Paparazzi”形象。中文翻译的“狗仔队”，则是由香港人所创。20世纪50年代的香港警察刑事科擅长追踪案件，以跟踪、窃听的调查方式闻名，这些便衣刑事侦查员（俗称O记），外号“小狗队”，取意在于狗类擅长灵敏的嗅觉追踪猎物。这种调查追踪方式后来被香港记者发扬光大，而由于长时间的追踪、守候，非一人所能独立完成，所以这群善用镜头捕捉漏网消息的记者，也就被统称为“狗仔队”。

3 暴力、色情与影视分级制度

“煽色腥”新闻放大了娱乐新闻在整个媒体中的地位，放大了新闻价值中的人情味、趣味性因素。在新闻娱乐化浪潮中，娱乐和迎合受众是其主要宗旨，新闻在给受众传送愉悦的同时，不可避免地也制造着低俗、色情和暴力，刺激着人们的消费、享乐欲望。新闻娱乐化使新闻已不再重视客观冷静的报道，而重视传达感官上的娱乐体验：或轻松、或惊险、或奇异。比如“煽色腥”新闻对于事故报道过于直接、场面过分血腥。

针对抢劫杀人、吸毒贩毒、绑架勒索、卖淫嫖娼、婚外恋、家庭暴力犯罪等题材，“煽色腥”报道的重心不是落在如何汲取教训，避免同类事件的发生以及宣传法律知识上，而是热衷对犯罪细节进行详细描述，极尽渲染、夸张、虚构之能事，津津乐道，不惜版面。在新闻报道之外，“煽色腥”同样无可避免地侵入影视作品之中，不少卖座电影几乎无一例外地有相似元素：暴力、性、悬疑和 Happy ending（皆大欢喜的结局）。

为避免媒体中的暴力、性等不良内容影响少年儿童的身心健康，发达国家多采取分级制度对媒体内容进行管理。所谓“分级”，即根据一定的标准给媒体内容的暴力程度和色情程度进行标示，以便人们自由自主地选择媒体产品，并避免受到不愿意承受的影响。设立媒体内容分级制度主要出于两个方面考虑。其一，虽然有相当多的公众认为影视产品中充满了暴力，且会产生不良影响，但他们并不希望由政府来直接审查媒体内容，担心这可能对表达自由构成威胁。在政府直接控制媒体内容与通过媒体自律制定媒体内容分级这两种方法之间，大多数公众倾向于选择后一种方式，认为这是处于政府的新闻检查和无任何管理和限制之间的"中间地带"。其二，分级制度将成人、青少年和儿童区隔开来，这样做，是为了在最大程度上满足受众的视听权益和保护未成年人身心发展之间保持平衡。

中国台湾电影分级制度	中国香港电影分级制度
普遍级（普级）：一般观众皆可观赏。 保护级（护级）：未满六岁之儿童不得观赏；六岁以上未满十二岁之儿童须由父母、师长或成年亲友陪伴辅导观赏。 辅导级（辅级）：未满十二岁之儿童不得观赏；十二岁以上未满十八岁之少年须由父母或师长注意辅导观赏。 限制级（限级）：未满十八岁之儿童及青少年不得观赏。	第Ⅰ级：适合任何年龄的人观看。 第Ⅱ级：儿童不宜观看。其中—— 第ⅡA级：儿童不宜——在内容和处理手法上不适合儿童观看；影片可能使用轻微不良用语和少量裸体、性暴力及恐怖内容，建议有家长指导； 第ⅡB级：青少年及儿童不宜——观众应预期影片内容不适合成分的程度较第ⅡA级强烈；强烈建议家长给予指导；影片可能有一些粗卑用语及性相关的主语词；可含蓄地描述性行为及在情欲场面中出现裸体；影片可能有中度的暴力及恐怖内容。 第Ⅲ级：只准18岁（含）以上年龄的人观看。

对于分级制度的作用，美国电影协会一位官员的话挺有代表性。他说：“分级制并不能解决我们的社会病，但它可以用以指导我们选择电影、电视、网站、音乐带、录像带和电脑游戏。高质量的媒体分级标准能够提供充分的信息，帮助我们为自己和我们的家庭作出明智的选择。”中国香港和台湾地区已经建立了影视分级制度，不失为一个不错的借鉴。[1]

在中国大陆，目前有比较严格的影视审查标准，但尚未建立分级制度，这种管理方式的主要缺陷在于：无法将成人和儿童区别对待。近年来，建立电影分级制度的呼声一浪高过一浪，但始终“只听声音响，不见人下楼”。

〔1〕 来源：红网，http：//hn.rednet.cn/c/2007/11/08/1366755.htm，2007－11－8。

4 商业化媒体：自律与公众监督

媒体为增加销量而违背社会道德，为眼球效应而将一些不堪入目的照片、文字刊载出来，虽然可能在短时间里会获得不少经济利益，但长期来看，也会对其自身的品牌形象产生负面影响。比如，上文提到的香港《东周刊》刊登“裸照事件”，不仅伤害了刘嘉玲，也伤害了媒体的权威和公信力。真实性是新闻存在的基础，一旦读者、听众、观众对“八卦新闻”的真实性产生怀疑，媒体借以立足的资本将荡然无存。就在《东周刊》“裸照事件”爆发不久，香港大学公布一项调查显示：市民对新闻传媒公信力的评分跌至历史新低。香港记者协会主席麦燕庭认为，《东周刊》刊登女星裸照事件，引起市民对传媒不满，令公信力评分一再下跌。

媒体的“煽色腥”报道，往往是在新闻自由的“尚方宝剑”下进行的——人们不愿意政府过多管制新闻界，认为这可能会影响新闻自由。但是，商业化媒体为攫取利润而大肆报道低俗新闻、制作低级趣味的娱乐节目，却又常常被认为是滥用了新闻自由。那么，如何解决这个悖论呢？

媒体的报道内容千变万化，恐怕难以制定出非常清楚的管制标准。西方国家经过许多年的摸索，找到了一条居于政府新闻管制和放手不管之间的“中间道路”，这就是媒体自律制度。它主要从两个方面发挥作用：其一，制定各种媒体职业道德标准和业务准则，作为新闻和传播工作者在实践中的伦理指南；其二，设立行业协会和评议组织，对违反职业道德的情况进行批评、监督乃至处分。

以英国为例，1953 年成立了报业总评议会，后更名为报业投诉委员会，该委员会独立于政府，由各大报业集团的代表和公众代表共同组成，经费则由这些报团分担。任何公民都可以向委员会提出投诉，委员会每年大约收到 3000 起投诉，内容涉及准确性、隐私、歧视、骚扰、申辩机会等各方面。这些投诉所根据的标准，就是由英国全国新闻工作者协会通过的《英国新闻工作者行为准则》和报业投诉委员会通过的《新闻工作者业务准则》。

除了这类全国性的行业准则，一些有责任感的媒体也纷纷建立自身的道德标准，以规范新闻报道的内容。比如对犯罪新闻的报道，《英国广播公司制片人手册》中就有详细原则："当我们处理犯罪新闻的时候，应慎重考虑我们的报道目的、方式和我们节目的环境。在现实生活中，犯罪不是一件有魅力的事。我们不得在报道中添油加醋……仔细考虑报道犯罪时使用的语言的准确性和恰当程度。即使用平常语言来报道，犯罪也是很有震撼效果的，所以不得使用丰富的言语来夸大其词。应避免陈词滥调和不必要修饰语。"

在中国大陆，中华全国新闻工作者协会也制定了《中国新闻工作者职业道德准则》，此外，也有不少新闻媒体针对自身实际出台了相关的管理细则。如 2007 年 1 月《广州日报》推出《采编守则》，开始实施系统的自律制度建设。

总之，除了新闻媒体的自律之外，公众的监督是不可或缺的，因为公众随时在阅读和收看，他们的群体数量又如此庞大，只要他们中的热心者积极发现问题、进行投诉和监督，将会起到“无处不在、无时无刻”的监督作用。归根结底，没有高素质的公众，就不会有高质量的媒体，我们编撰这本小册子的目的恰在于培养具有批判能力的受众。媒体的自律需要公众的配合，若是公众对媒体的不良现象置若罔闻，纵然媒体自律制度再完善，媒体也不会有实质性的改进。因此，净化媒体，责任在你，在我，在大家。

小 结

现代新闻业常以两张“面孔”示人：一方面，提供有关公共事务的信息，作为人们参与公共生活的依据和指南；另一方面，又提供文化娱乐、奇闻异事等大量的“软性”信息，作为人们茶余饭后的消遣和谈资。一个值得关注的趋势是，软新闻在新闻媒体中占据了越来越大的比重，甚至连那些严肃的公共事务新闻也一改往日的报道风格，变得更加具有娱乐性。

为此，有人将 information（信息）一词与 entertainment（娱乐）一词对接起来，创造了一个新词叫 infotainment（娱讯），以表明信息和娱乐合流的趋势。“煽色腥”新闻是“娱讯”的表现形式，它关注暴力、色情等具有强烈的感官刺激的因素，并以夸张的、耸人听闻的方式报道它们。这种手法迎合了大众的低级趣味，常常能在市场上获得成功，但它并不值得赞赏，媒体将大量版面和时间投入到色情、暴力和明星绯闻等事件的报道中，转而削减了对公共事务的报道和评论，既会对公众的社会参与和公共决策的制订造成不利的影响，也容易使大众文化变成了低级、琐碎的“八卦文化”。面对“煽色腥”新闻的泛滥，我们的媒体需要相应的净化机制，这既需要制度上的完善，也有赖于公民素质的提高。

第七章

生活在广告世界中

我们的生活正在被广告包围，这句话毫不耸人听闻。广告从四面八方包围着我们，充斥着我们日渐光怪陆离的视觉、纷繁扰杂的听觉、虚实结合的触觉，甚至我们呼吸的空气都充满着广告的味道。我们来看看你一天的生活吧：

早上6点，你一睁开眼睛，就不得不接受广告的亮相。你睡眼惺忪地摸索着起床，习惯性地打开电视机，边听着早新闻，边打理洗漱，远远地你能听见女主播温柔地说："广告之后马上回来，精彩内容，不要离开。"伴随着熟悉的广告歌，你仿佛能看见一个幸福的三口之家，满心欢欣地对某某牛奶大加赞赏。"嗯，喝喝牛奶健康起来。"你对自己说。

8点，拥堵的交通，汽车在缓慢地爬行，车厢里的人们或许正漫无目的地望着窗外一块块巨大的广告牌，上面的美女神采飞扬地举着一台新潮数码相机，你不由得也多看了两眼。终于找到一个座位，坐下却见椅背上的洗面奶广告，你对洗面奶不感兴趣，于是就加入大多数人的行列，盯住闪闪烁烁的车载移动电视不放，心里却在抱怨，哎，都是广告呀。

上午9点，终于到了办公室，似乎可以远离广告了，你打开电脑，上网查询数据和邮件，却可以看到网站上飘来飘去的图标广告和页面内嵌广告，连Messenger的工具栏下都开始宣传最新推出的服务。

中午走出写字楼，去快餐店吃午饭，来回过马路时，看到不少灯箱广告、张贴海报，手上还在不经意间被塞进了几张广告小传单。

下午5点，终于结束了一天的工作，你快步走进地铁通道，两旁炫目的灯箱广告让你无处遁逃。但你走得很急，没看清牌子上到底写了些什么，只看到一家三口拿着张信用金卡、新新人类和很 cool 的超薄手机，刘德华戴着显眼的精工表，裙裾飞扬的美女朝你浅笑……你不为所动，疾步走到月台，停下等待，在你正对面是一幅鲜亮的照片，一碗热气腾腾的方便面，上面撒满了让人胃口大开的美食，你似乎可以闻得到阵阵香气，虽然你明白这只是一碗方便面，但这时你深深地感到这幅广告引发的胃部抽搐。“这是个新口味，”你对自己说，“也许我该试一试。”在这幅广告后面，激情创意的广告人会为他们一直期待的这句回应而欢欣鼓舞，虽然这看起来只是个很简单、直接的反应，但却会让广告主的销售数字再进一位。

广告，就是这样潜移默化地存在于我们的生活中，就像一只潜伏的精灵，时时伴随着我们的生活，蓄势待发、摩拳擦掌，总有一个时候会攫住我们的注意力，引发欲望，直至引起行动。

1 广告业的历程

传统广告时期

早在原始社会，人类社会中逐渐产生的分工现象激发了原始的交换活动，人们聚集在集市进行商品交换，渐渐产生了最原始的产品信息传递——广告的雏形。当时的交易活动比较原始，卖鸡蛋的小伙抱着自家的母鸡，展示刚下的新鲜鸡蛋（实物广告），卖糖人的小贩朗朗上口的叫卖（卖声广告），吸引了全村的孩子，换旧物的打着梆子（音响广告），远近的人们都闻风而至。

文字出现之前，广告很难得以保存和传播，有了文字，广告的载体大大扩展，旗帜、墙壁、纸张、器物都可以写上广告信息，广而告之。现在能见到最早的广告实物就是在古埃及首都特贝散发的一份广告传单，距今有3000多年的历史。

在古代埃及和古巴比伦市场上，有专业口头宣传员，在市场上大声喊叫，告知人们市场信息、竞技信息和政令发布。古希腊和古罗马时期，商品经济的繁荣，各种广告形式一应俱全，连行吟诗人都把文学和广告合二为一，韵味十足的广告诗风靡一时。其中有一首化妆品广告诗是这样写的："为了两眸晶莹/为了两颊绯红/为了人老珠不黄/

也为了合理的价钱/每个在行的女人/都会购买埃斯克利普托制造的化妆品。”[1]

中世纪可谓是西方历史上的文化黑暗时期，绝大多数人都不识读写，城市中的广告主要是叫卖广告和悬挂商品标志，如用风车象征磨坊，鞋子代表鞋匠等。

现代广告的序曲

从有历史记载到19世纪初这段时期被称为前工业化时期，这段时期的几个重要发明对现代广告的产生有着至关重要的影响。

纸的发明，使得书面记录和传播成为可能。1150年欧洲的西班牙人创办了第一家造纸厂。15世纪40年代古登堡在德国发明铅字印刷术，促成了日后现代报纸等大众传媒的产生，使得社会化、大众化的广告信息传播成为可能，广告和大众传媒从此结合，一场广告革命开始酝酿。1609年，德国人海因里希·朱利叶斯在沃尔芬比特尔县创办了世界上第一张定期印刷的报纸《报道式新闻报》。1650年，英国《每周新闻》在“国会诉讼程序”栏目刊载了一则寻马悬赏启事，这被认为是第一则名副其实的报纸广告。[2]

现代广告的迅猛兴起

19世纪，随着工业革命的洗礼，西方资本主义国家开

〔1〕《世界古代广告的产生与发展》，作者：刘悦坦，来源：个人博客，http://www.cmmo.cn/space.php?uid=5116&do=blog&id=21362

〔2〕参见《广告学概论》，作者：陈培爱，高等教育出版社，2009年版。

始转型为现代工业社会，资本主义经济空前发展。广告业在运行制度、科学理念和技术应用方面都取得了前所未有的突破。

现代广告首先产生于美国。1869 年，弗朗西斯·艾尔借助其父亲的名义，在费城成立艾尔父子广告公司，从市场调查到确定广告策略，从撰写广告文案、设计广告版式到购买报纸版面，直至测定广告效果，提供全套的广告服务。艾尔公司成为第一家按照现代广告公司体系运作的公司，也标志着现代广告的正式产生。

19 世纪末、20 世纪初是现代广告蓬勃发展的时期，伴随经济、科技和观念的发展，广告人探索了许多有效的广告形式。1891 年，可口可乐公司投产 5 年后，率先使用印刷精美的彩色挂历作为广告。1910 年，巴黎国际汽车展览会首次采用霓虹灯做广告，很快霓虹广告就风靡全球。

第一次世界大战和第二次世界大战期间，电波技术突飞猛进，十几年间，相继发明了无线电和电视。1920 年，美国第一个广播电台建立，建立初期，支持建立广播的西屋电气公司的主要目的是利用广播向人们推销无线电设备。电波媒体的产生，为广告的发展提供了更多的传播媒体选择，也影响着广告的形式。这一时期还出现了沿用至今的销售点广告（POP）、直邮广告（DM）和最早的路牌广告。1922 年，美国第一家商业广播电台 WEAF，直接将广告时间整段出售给广告商，当年 8 月播出了第一条广播广告——出售西区别墅。

广告业的高度繁荣期

1941 年电视诞生，到第二次世界大战之后，电视才得到了空前发展，成为广告主最青睐的广告媒体。自此，广告业进入高度繁荣时期。进入 21 世纪以来，网络、卫星电视、有线电视等每一次新媒体的技术突破和模式转变，都给现代广告业带来机遇和挑战，广告已经通过日新月异的媒体接触点，渗透进人们生活的方方面面。

现代社会，广告作为有组织的信息传播，一般具有以下共同特点：

——广告是由广告主出资付费的。只有“可口可乐”、“麦当劳”付费给广告公司和广告媒体，我们才能从电视、广播、报纸、杂志、路牌上看到和听到他们的广告。

——广告所传播的信息是多样的。广告可以用来传播有形商品（goods）的信息，如家用电器、房地产、快速食品；也可以用于宣传保险、旅游、银行等无形服务（service）；更可以用来提倡宣扬各种各样的观点（ideas），包括政治的、经济的、文化的和社会的等。

——广告的主要目的在于劝服。广告的目的在于说服我们购买和使用某种产品、服务，或者改变我们的观点和态度。

——广告要通过一定的广告媒体得以传播。广告只有通过媒体才能达到广告主的目标人群，广告媒体是一种有偿的、用来向我们展现广告的手段。其中，电视、报纸、广播等大众传媒是现代广告使用得最多最频繁的广告媒体，现在随着技术的发展，更多的分众和互动媒体如手机、网络也受到广告的青睐。

链接：广告（Advertising）

来源于拉丁文的 Advertere，意思是“大喊大叫，引人注意”。中古英语时代演变为 Advertise，含义衍化为“通知别人某件事，以引起他人注意”。17 世纪中后期，随着英国商业活动规模的扩大，“广告”一词得以流行。日本在明治五年（公元 1872 年）首次将 Advertising 一词译为“广告”。据学者推断，“广告”一词大概是 20 世纪初引入中国，最初的含义是“广泛宣告”。

2 广告的说服原理与技巧

马斯洛原理与广告

广告的真正目的是说服，说服消费者对商品形成认知，改变态度，直至产生购买冲动或决定。为达到这个目标，广告主就必须了解消费者的心理，把握我们的需要特点。

我们需要食物、需要住所、需要日用品、需要工作和休闲设施，这些都是我们需要的，但是，正像某句俗语“房子和家是不同的两个东西”所言，人们不但需要物质用品，更需要的是隐藏在物质用品中的某些“软性的”、“无形的”东西——感情、价值观、生活方式、自我认同等。因此，我们理解自身的需要，最好从著名心理学家马斯洛的理论入手。他将人的需要分成五个层级，当下一个层次的需求得到满足的时候，上一个层次的需求就愈加成为追求的目标（如下图）[1]：

人活在世界上，首先面临生存问题，因此要解决生理方面的需求，尤其是食物和衣服。解决了温饱之后，人们便希望有安心的生活，如果整天生活在恐惧中，生存的质

〔1〕来源：http://baike.baidu.com/view/986535.htm。

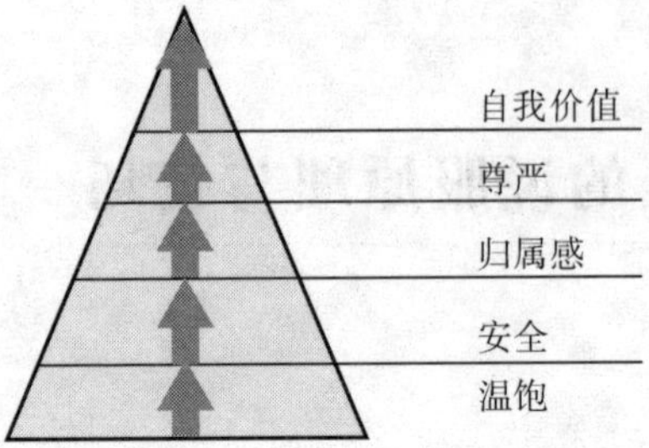

量是很低的。当年美国总统罗斯福提出了人类应享有的“四大自由”中，便既有“免于匮乏的自由”，又有“免于恐惧的自由”。因此，人们会在温饱之后寻求安全感。但有了安全感也还不够，人是社会性的动物，不能忍受被社会抛弃，他们想要与人交往，想要在人群中获得快乐，想要成为某个群体的一员。换句话说，他们需要找到归属感。然而，人还不能满足，谁也不愿意在世上仅仅接受别人的怜悯和照顾，而无力帮助别人或者对别人无益。人们还希望自己能够与众不同，能够以独特的姿态成为社会上的一员，能够被其他人认可乃至赞扬，甚至青史留名……这样的需求，就涉及到尊重和自我实现了，它们是更为高级的需求。

马斯洛的需求原理在广告人那里是备受尊重的。今天，世界上多数地方的人们都已经脱离了为温饱所困的阶段，人们越来越注重生活的质量——不仅指物质的精致和华丽，也指家庭关系和社会关系的和谐融洽，以及人生的丰富和自我价值的实现。所以，广告人常常以两种方式来推销：一种是“硬诉求”，它强调的是物品的质量和功能，能够给人以实际的使用价值；另一种则称为“软诉求”，它强调物品的文化含义——拥有它意味着什么？拥有它能给你带来什么样的精神享受？拥有它能带给你什么样的身份感觉？拥有它能使你有何种想象……这就是今天大部分商品广告的推销策略。

万宝路香烟广告是广告史上的一个经典案例。一般人的想象中，香烟的主要作用就是让烟民们“过瘾”，但实际上绝不止于此。万宝路问世于1924年，最初的定位是女士烟，但销量一直不好。1954年，广告大师李奥贝纳拿到万宝路广告代理权，他对万宝路进行了重新设计，将包装改成鲜红色，字体也变成硬角。最重要的是，他通过一系列的广告形象，将万宝路和“男性气质”成功地联系在一起了。万宝路男人的形象集中于美国牛仔，广告中原始西部风情的背景上，衬托着矫健的马匹，远处的斜阳，目光深邃、浑身散发粗犷气息的牛仔，休闲地点着一支万宝路香烟，那种男子汉粗犷豪放、自由驰骋、放荡不羁、无拘无束的硬汉本色，迅速成为万宝路的典型形象。

美国《福布斯》杂志专栏作家布洛尼克对许多“万宝路迷”进行过调查。他发现，尽管大部分调查者明确表示喜欢万宝路是因为它烟味浓烈的独特味道，但后来的实验却表明，即便是半价，也仅有21%的人愿意购买抹掉包装标志的纯正万宝路香烟。布洛尼克的研究说明，万宝路烟民所喜爱的是万宝路广告给香烟带来的优越感和满足感，没有包装标志的正牌万宝路香烟，无法提供这种对于广告的联想和满足感。万宝路爱好者每天要将所抽的万宝路香烟掏出口袋20至25次，这种包装的广告所赋予的形象已经成为他们的标志和自我认同的方式，只有广告所创造出来的美国牛仔形象才是满足他们心理的主要原因。[1]

广告说服的原理与技巧

如前文所述，广告最大的功用是把物品和人的需求——既有物质的，也有精神的——联系起来，这可以说是广告说服的根本原理。从更具体的方面说，广告还会捕捉和利用人类心理的各种奥妙。优秀的广告创意，常常深深地打动人心，虽然不一定能让消费者马上产生购买的冲动，但至少会让商品或者是生产它的企业在消费者心目中树立良好形象，它可能在时机恰当的时候促成购买行为。

不过，也有一些广告的创意并不出色，有的甚至是一些老掉牙的做法，比如诉诸性感，诉诸重复，诉诸权威……他们能否产生效果？答案是肯定的。这类广告有的强化了人们的记忆，有的使人们把商品和广告形象所表达的正面价值联系起来，起到一种“光辉泛化”的效果，还有的通过许多人的“证词”或“表白”让消费者产生一种从众心理，仿佛不这样做就有落伍的嫌疑。

我们不能说这些技巧就是一种欺骗，但它确实利用了人类心理的某些特点。了解这些技巧及其背后的心理原理，有助于我们做理性的消费者。下面，我们简单分析下几个常见的“广告推销术”，请读者朋友们也仔细想想，为什么我们会被它们打动呢？

技巧一：名人代言

名人，包括演艺名人或者其他领域的名人，常常出现

〔1〕《“万宝路”的品牌运作》，作者：彭运辉，《中国烟草》，2004 年第 5 期。

在广告中，向我们推介商品。大部分情况下，名人代言主要是为产品增加价值或者赋予一种生活品味和意义，这样的广告大多作用于我们希望自己变成名人，或者模仿名人生活的心理。面对脚蹬耐克篮球鞋的飞人乔丹，青少年可以联想到“热爱篮球的我”，再到“穿耐克鞋的我”，最终联想到“穿耐克鞋的篮球高手的我”，通过对名人的模仿和一系列的自我想象，彻底接受广告劝服。

另一种则是利用名人现身说法，通过他们的亲身使用和经验来说明产品的效用，由于名人具有一定的公信力和号召力，公众往往倾向于相信名人的建议。但是，这些广告背后却很可能存在问题：名人是否真的使用了这类产品？他们使用的效果是真实的吗？他们的效果是否与广告中的产品有关？许多虚假广告都是利用这种说服技巧，进行夸大或者虚假宣传。

北京新兴医院涉嫌虚假广告

2004年，央视《新闻联播》后的黄金时段出现了一条引人注目的广告，影视名人唐国强和解晓东，在专业医生和父母怀抱可爱的婴儿的画面伴随下，将北京新兴医院吹捧成“国内专业医治不孕不育症的‘超级航母’”。这则广告在中央电视台和各个地方卫视台连续滚动播放，打动了许多求子心切的适龄父母的心，一时间，北京新兴医院的门诊部人头攒动、热闹非凡。

很快，《瞭望东方周刊》的一篇报道却掀开了新兴医院依靠名人代言和不实广告宣传，大肆向患者行骗的事实。原来，北京新兴医院投入1亿元电视广告经费，先是聘请知名影视明星作代言人，削弱消费者对广告的不信任，然后通过大范围在国内的各卫视频道购买垃圾时段，密集播放电视广告，迅速地提高新兴医院知名度，最后升级为在央视黄金时段投放广告，利用央视的平台增加广告的权威性，塑造了医院不孕不育超级航母的形象。

为增加广告说服力，新兴医院还模仿电视节目形式，制作了多种证言广告、浮标广告、冠名广告、公益广告，甚至电视短片广告、访谈节目等。许多不育患者正是为这些逼真的“节目”所说服，有一位患者在接受媒体采访的时候，还能清晰地回忆一部由解晓东主演的电视短剧，以北京新兴医院为背景，讲述女主人公因为不能生育而经历的悲苦故事，最终，新兴医院使她喜得贵子。这出催人泪下的电视短片让很多人看不出是广告，凭借名人的公信力，让人不得不对新兴医院的送子神功确信无疑。

事实上，新兴医院的广告批文不但没有备案，广告刊登的证书、文件和印章都是私刻假冒的。我国《医疗广告管理办法》明确规定，保证治愈或者隐含保证治愈的，宣传治愈率、有效率等诊疗效果禁止出现在医疗广告中。新兴医院事件不仅在医疗和广告界引起了轩然大波，也引发了社会对于公众人物代言虚假广告和媒体发布虚假广告，是否应该承担相应责任的大讨论。

技巧二：专家与数证法

现代人对科学的态度，如同中世纪人们对上帝的态度，时而表现出极度的盲信与盲从，以至于很多时候，不必有足够的证据，只需祭出“科学”的大旗，便能给人真理在握的印象。有时，广告主便利用了公众这种崇拜科学的心理，用“科学”来打动人心。不妨回忆一下，在你日常见到的广告中，有哪些是以诸如“科学研究表明……”这样的句式让你将信任全盘托付给它？

在大众传媒中，科学的形象也常常人格化为专家的形象。类似的形象你一定在电视中见过：戴眼镜的中年男人，穿白大褂，气质儒雅，置身于实验室的各种精密仪器的包围之中，向你侃侃而谈某种保健品或者药物作用于人体的“科学原理”，或某种食品的高度严格的“科学生产”过程。你是否因为他的形象而更加相信这些商品呢？其实，电视广告里的“专家”，大部分都是演员扮演的，而非真正的科学家。即便我们知道，也还是常常被专家形象所营造的“科学感”所吸引。

还有一种“科学”的推销方式是利用各种实验数据和统计数据，业内人士称其为“数证法”。我国有关法规禁止在药物、医疗器械和化妆品等物品广告中使用有效率、治愈率等数据来进行推销，但现实中这种做法屡见不鲜，有些是在非法出版的印刷品中，有些则在大众传媒中“打擦边球”，足可见这类方式为广告主的青睐程度。现代社会风险和收益观念盛行，人们对生活也不知不觉地采用了“量化管理”的方式。“数证”能够打动人心，其关键就在于它象征着科学，以及科学带来的确定性和可预测性——数字让消费者在不知不觉中满意于广告主提供的“投资—收益”几率；而且，消费者会想，这么精确的数字，一定是通过非常精密的调查、研究或者实验才得出来的，应该是值得信任的吧。

技巧三：重复轰炸

我们生活在信息爆炸的时代，每一秒都有无以计数的信息被创造和淹没。如果一条广告只在媒体上出现一次，可想而知，接触到这条广告的人数将十分有限，能记住的人则更少，因广告而选择购买行动的更是微乎其微。广告要达到劝服的目的，需要在媒体上有一定的暴露频次，也就是在一个广告活动中，只有目标受众不断接触到同一条广告，才有可能达到记忆和接受的效果。有研究表明，广告的投放量低于某个下限，消费者无法对广告信息建立记忆和联系，重复播放广告可以增加20%到200%的记忆率。因此，尽管广告的重复轰炸常常引人反感，但还是有广告主乐此不疲，他们的口号是“不怕恶俗，但求有用”。企业采取这种“有用是硬道理”的姿态，并不违法，不过，对于广大受众而言，很难说是一种令人愉快的感觉。

“脑白金”广告的重复轰炸

“今年过节不收礼，收礼只收脑白金”，“脑白金，年轻态健康品”，一时间，电视上铺天盖地的脑白金广告，似乎给人们来了次大洗脑，连“收礼只收脑白金”的口号也成了社会流行语。许多观众和专家认为脑白金广告俗不可耐、粗浅市侩，却又让人无处遁形，是十足的广告暴力，被称为第一恶俗的广告。

然而，对于广告的负面评价，并没有影响产品销售数字的节节窜高。从1998年史玉柱推出脑白金，当年即创下的2.5亿元销售收入，到2000年的10.9亿元的销售高峰，连续多年的销售排行冠军地位，让脑白金稳稳地当上了节日礼品市场的“龙头老大”。

大部分的购买者并不了解脑白金的有效成分和真实功用，只冲着那句“收礼只收脑白金”的广告词蜂拥而至各掏腰包。甚至连牙牙学语的2岁婴儿，看到广告里一群白头发的老爷爷老奶奶边摇边唱，也会跟着扭动身体，学着“孝敬爸妈，脑——白——金——”。

脑白金广告紧紧抓住送礼人的心理需求，使用单一的广告诉求，在大众传媒上反复重复，达到较高的暴露频次。虽然频次过高也引发了一些人的负面信息，但却实在地增加了消费者的对产品的记忆度，拉动了产品销售。

技巧四："软文"广告

近年来，消费者对于广告的戒备心理增强，普通广告的传播效果逐渐减弱。消费者千方百计地逃离和躲避广告，报纸上的广告版面少有人看，电视节目中插播广告的时间也变成"厕所时间"，或者直接用遥控器换台。于是，有些广告主开始寻找更有效的宣传方式，"软文"就是其中的一种。

"软文"常以宣传"企业风采"或者报道企业举办活动的方式出现。它在文体上与新闻无异，但其内容的意图则仍然是推销商品或鼓吹企业形象，可谓是"广告的里子，新闻的面子"。"软文"广告有时能取得比普通广告更能好的效果，全赖人们对新闻和新闻媒体的信任。

"软文"广告实际上是新闻媒体对其公信力的私用和滥用，因此，在大部分国家都为职业道德所不容，甚至是违法的。早在1987年国家工商局就强调，禁止使用新闻形式发布新闻广告。但是，在现实中，法律却难以对什么样的事才能被当成"新闻"加以具体、明确的规定，更何况，这种规定既要保证新闻自由，又能避免媒体滥用自由。因此，大部分情况下，对这种形式的广告，人们只能寄希望于媒体能够自律，能够坚持将新闻报道和媒体的商业利益分开，同时寄希望于媒体从业者能对公关公司所策划的"伪事件"加以明辨，防止将商业宣传活动不假思索地报道成新闻，对公众造成误导。

技巧五：难以察觉的嵌入式营销

我们在媒体中看到或听到广告，大部分能比较容易地与新闻内容区别开。但是，近年来兴起的嵌入式营销却是一种完全不同的广告方式：广告主所要推销的商品以观众不经意的方式嵌入在“正片”（你有意识地阅听的新闻或娱乐内容）之中。甚至你看完了整个“正片”，可能尚未意识到广告的存在。但是，广告主们相信，你的记忆甚至是潜意识里，已经受到了那些稍纵即逝的商品形象的刺激，当这些刺激累积到一定强度的时候，或许就会引发你的购买行为。

流行电影中的嵌入式广告

2007 年暑期大片《变形金刚》开映前，长达 20 分钟的贴片广告几乎尽数了片中出现的赞助商。无论是酷似擎天柱的解放重卡，组合功能的打印机，还是会变形的手机，每个广告都煞费心思地将自己的产品和“变形”挂上钩，让人不禁误以为是电影的序幕。赞助商还特别提醒“变形金刚由雪佛兰领衔主演”。片中随处可见的雪佛兰标志和“大黄蜂”的神勇表演，让很多观众在花钱观赏大片的同时，毫无防备地接受了商家的广告教育。不知是否有人还记得 1984 年老版的“大黄蜂”是一辆黄色大众甲壳虫汽车，而美国通用汽车公司与影片方的一纸赞助合同，不仅让“大黄蜂”彻底变身雪佛兰概念车 Camaro，更为旗下的 GMC、悍马和庞蒂克等汽车品牌争取到了正面角色集体亮相的戏份。

这是一场视觉盛宴，更是一场品牌狂欢。充斥影片细节的 eBay 购物网站、诺基亚手机、松下 SD 卡、惠普和 IPOD 电脑、汉堡王等品牌，使整部电影更像是一部两个小时的广告集锦。难怪影评人批评影片是“为了推销车、玩具和战争而进行的一次令人作呕的、强势灌输的商业行为”。

几年前，国产的贺岁片《手机》得到了摩托罗拉公司的赞助达 700 万元。电影里充满了摩托罗拉手机的特写镜头：从电影开场高速旋转的388c，到结尾令严守一观之色变的A760，片中所有的手机都是摩托罗拉，给足了曝光量。商家花重金赞助一部电影之余，线上线下也做足广告宣传配合，将电影的余热发扬光大，赚足眼球的同时也让销售火了一把。

到了《天下无贼》，影片还没发行，植入式广告品牌就有了18个，赞助已达2000万元。《天下无贼》中的演员开的是宝马，用的是佳能相机、诺基亚的手机，电脑则是惠普的。片中刘德华扮演的小偷，在西藏的某寺庙，趁烧香拜佛之机偷了一兜的手机，镜头扫过，清一色的诺基亚手机。电影的故事情节和有形商品、无形品牌紧密地融为一体，不可分割。我们在看这些电影的同时，不知不觉中也成了其中广告的忠实接受者。

链接：嵌入式广告

嵌入式广告也叫植入式广告或隐性广告，指将产品或者品牌及代表性的视觉符号，甚至服务内容策略融入电影、电视剧或电视节目内容中，通过场景的再现，让观众在不知不觉中留下产品和品牌印象，继而达到营销的目的。除了电影，这种植入广告还被植入各种媒体，电视、报纸、杂志、网络游戏、手机短信、甚至小说之中。

3 广告的社会和文化影响

广告不仅是一种经济现象，更是一种社会和文化现象。广告人像是现代社会中的吟游诗人，赋予商品以形象和文化内涵，并通过各种声像和文字手段将其编织成赞美诗，让人们在接受商品的同时，接受那些隐藏于其中的价值、观念和情感。

广告有多种好处，它促进了竞争，创造了利润，推动了经济的发展。此外，广告因其对创意的重视，成为当代流行文化的一支重要力量，比如那些让人心念一动的广告故事，赏心悦目的广告形象，口口相传的广告语……甚至，某些著名的品牌广告还成功地创造了持续长久的文化意义。大家也许还记得德比尔斯的著名广告语："钻石恒久远，一颗永流传。"在钻石和忠贞爱情之间画上等号，似乎已是人们"自然而然"的观念，这句广告语可谓功不可没。

不过，更值得我们关注的却是广告对社会和文化的负面影响，它是一种长期而深刻的影响，也因为它发生影响的方式是间接的和潜移默化的，常常被人们忽略。

广告泛滥现象

读完本章开头，我们不难发现，现代人一天的生活从早到晚都逃不开广告的伴随。换个角度，我们无论身在何处，恐怕都难逃广告的追踪。商业场所和大众媒体自不必说，此外还有大量的直邮广告、海报广告、传单广告不断送到你手中和你的 e-mail 里。在公交车里，在电梯口，在广场，在机场……几乎任何场所，甚至在我们使用的小小打火机上和方便袋上，都有广告存在。

广告中的商品和其他形象构成了我们生活的主要环境。你可以说，广告为人们提供大量的消费信息，但如果广告充斥在生活中的每个角落，很难让人不感到厌烦。在社会学家看来，问题就更加严重，过多的广告使消费者在信息、形象和时尚的洪流中，产生对现实的虚假印象。

广告对媒体的控制

世界各国的媒体运营体制，大多采用商业模式。这种模式的基本原理就是：媒体刊播内容，以吸引受众，再将受众“出售”给广告商，获取广告收益。广告收益是媒体利润的主要来源。对于电子媒体而言，几乎是唯一的来源；印刷媒体有些发行收入，但大多数在商业上成功的印刷媒体，其发行收益与广告收益相比，都是小巫见大巫。

既然广告是媒体利润的主要来源，媒体就不可避免受到广告的影响。广告对媒体的控制，主要体现在两个方面：

其一，广告主在投放广告时拥有选择媒体的权力，通过这种权力的行使，他们可以影响到媒体的编辑方针。举个简单的例子：某大企业内部惊爆丑闻，某报记者掌握了详尽的材料，正要将其公之于众。但该企业恰好是这份报纸常年的广告投放者，并且承诺如果报纸可以帮助隐瞒此事，将会追加更多的广告投放。而此时，这家报纸恰好为经济上的不景气而苦苦支撑。那么试想，除非这家报社的老板和总编有非常坚定的“新闻理想”，无论面临任何情况，都将公众利益放在第一位，否则真相都将在利益的交易中被遮蔽。

其二，对利益最大化的寻求，使得商业媒体在刊播节目主要考虑的不是节目的质量，而是节目所能带来的收视率，因为收视率是广告商投放广告时的主要参考标准。对收视率的追求，不仅体现在数字的多少，而且体现在是什么样的受众在看节目——重要的是要将那些能够吸引广告商的受众留住，至于那些没有消费能力的受众，则可以不在考虑之列。在收视率的驱动下，媒体热衷于制造轰动效应，热衷于迎合大众的庸俗趣味，热衷于挖掘名人的隐私八卦，热衷于取媚主流群体和流行的见解。而那些值得倾听的少数派声音，亟待关注的公共问题，需要被关怀的社会弱势群体，则无法在媒体中找到表达的途径。

广告中的刻板印象

人们总是乐于接受其熟悉的和赞同的思想和价值观。因此，广告为了让人们接受，常常会迎合社会的主流意识形态和主流文化观念，而不论这种观念是否正确，是否有失偏颇，或者是否过时。有许多证据表明，在广告中，刻板印象，尤其是男性和女性的性别刻板印象表现得相当严重。女性通常被表现为从属的、家庭的，乃至作为男性观赏和性对象角色，而男性则是主导的、事业的、积极进取的。有关于此，我们在第二章《如何克服“刻板印象”的影响》中已有详细介绍，此处略过不论。

广告与消费主义

年岁稍长的人都会记得，我们曾经生活在一个物质匮乏的时代，其时节俭还是一种美德。但现在，我们的物质生活已经相对丰裕：超大型的卖场和连锁便利店取代了过去的邻家小铺，城市中心的百货公司里展示着各式各样的奢侈品和时尚物件，各种品牌的专卖店在街道上鳞次栉比……或许，我们将这一切归功于工业的发展，技术的革新，生产力的提高，但你有没有想到，生产和消费从来就是分不开的呢？更进一步说，当今的时代，消费主导生产，而广告则主导了消费。

不妨以汽车广告为例。汽车只是技术上的发明，用广告来推销汽车才是社会学的创新。在车展上，每一部车的旁边，都站着一位美女车模；电视里也是如此，开着豪华轿车的男士殷勤地为旁边的美女拉开车门……香车、美女、成功和美满生活之间，就这样在日复一日的广告形象展示中建立了无可置疑的关联。广告的最终目标是推销商品，但许多成功的广告术，其秘诀就在于不仅仅推销商品，同时更要推销生活方式，当大众将某种生活方式接受为“美好”，他们自然就会乐于购买象征这种生活方式的商品。

早在20世纪40年代，社会批评家阿多诺和马尔库塞等就对包括广告在内的大众文化作出了深刻反省。马尔库塞敏锐地区分了人的“需要”和“欲求”。他认为，人是有真正需要的，这就是创造的需要、独立和自由的需要、把握自己命运的需要、自我完善的需要。但是，大多数流行于世的需要并非真正的需要，而只是一种虚假的需要，一种“欲求”。它们被广告等大众文化所激发，又被资本主义工业生产体系制造出的各种商品予以虚假满足。虚假需要的满足，恰恰是以真正的需要得不到满足为代价的。大众正是在这欲望与消费的循环中被束缚于资本主义生产体系，异化成为沉溺于物质享乐，精神萎靡、灵魂贫瘠的“单向度的人”。

马尔库塞等人的批评听起来或许刺耳，但我们很难一笑了之，不妨拷问下自己：我们确实比以前消费着更多的物质产品，但我们的心灵是否比以前更加丰实、更加安宁？我们是否在对物质消费不断升级的追逐中，经常感到茫然、感到空虚？

小　结

大众传媒的内容，按最简单的方式划分将是：新闻和公共事务报道、广告、娱乐。广告三分有其一，足见其重要性。不仅如此，广告提供了媒体的财源，它是经济系统、文化系统和社会系统的中介——媒体通过广告，从经济系统中获得资金，将其用于文化产品生产，再用文化产品换回受众的注意力资源，将其卖给广告商。可以毫不夸张地说，没有广告，现代传媒业不可能存在，至少不是以现在的这种形态存在。

广告虽然五花八门，技巧繁多，但它们都试图洞察甚至是挖掘人类的心理需求，以满足这种需求作为“诱饵”，最终促成购买行为。不一样的广告，相似的心理原理。正是由于广告和人类需求的根深蒂固的联系，广告也深深地影响着社会文化。有人说：如果你不懂广告术，就别指望理解现代的通俗作家，这就好比不懂骑士崇拜就无法理解中世纪的吟游诗人一样。事实上，不懂广告术就不能深刻地理解当代社会与文化。

第八章

怎样行使表达自由

1 自由的历程

表达自由作为一种理念，今天已经成为世界各国实践民主的共识。它作为一种基本人权，也得到了绝大多数国家宪法的保障和各种国际公约的确认。简单来说，表达自由就是通过说话、写作等各种方式表达观点的自由，每个人都有表达的权利，表达对自己、对公共事务的看法，表达绝不仅是个人行为，当集体的表达指向公共事务时，它其实就成了形成舆论的基础。

为什么表达自由如此重要？因为它是人类精神交往的制度基础。从历史上看，哪里有表达自由，自由而繁荣的社会就在哪里发生和生长；相反，哪里的表达自由被压制，哪里的人民就会陷入压迫和奴役。只有人们享有表达自由，才谈得上为自己争取其他的权利；只有在人们能够自由地表达思想和见解的社会，科学和艺术才会繁荣，民主和公共生活才能健康。

链接：表达自由

相对于“出版自由”、“言论自由”和“新闻自由”等表述，表达自由是一个晚近出现的法学概念。人们更倾向于使用这个概念的原因在于，人类的表达方式是多种多样的，有语言的，有文字的，有通过出版物的，也有通过影像的，各种姿态语言甚至服饰打扮也构成了表达；而表达的内容更是五花八门，新闻是一种表达，科学和艺术是一种表达，广告也是一种表达。显然，无论是“出版自由”，还是“言论自由”，抑或是“新闻自由”，都着力强调了某一种表达方式或内容，因而表达自由的说法则更具概括力。

然而，人类争取表达自由经历了一个相对曲折又漫长的阶段，尽管它已经被多数国家写进了法律，在现实中却依然不断受到制约。

从约翰·弥尔顿到《B 公约》

追溯表达自由的源头，一定要从伟大的英国诗人约翰·弥尔顿说起。他于 1608 年出生在英国伦敦的一个虔诚的清教徒家庭，自幼受人文主义教育，长大后又游历欧洲各国以增广见闻。当时，英国曾有非常严格的出版业管制。宗教上的不宽容使人民既得不到宗教信仰的自由，也无法享有出版自由，保守主义者将自由出版视为对宗教信仰的威胁，要求实行印刷品许可制度和检查制度。

尽管弥尔顿是虔诚的清教徒，但他秉承理性的精神。他在英国国会发表了一篇著名的演讲——《论出版自由》。演讲中，弥尔顿将矛头对准出版许可和出版检查制度。他认为，出版自由是一切自由中最重要的自由，是人类与生俱来的权利。面对人们对出版自由的疑虑，弥尔顿论述道：人是有理性的动物，完全有能力运用自己的理性去辨别真理与谬误。只要让真理参加“自由而公开”的斗争，她就一定能够战胜谬误而自我保存下来。[1]

不过，诗人弥尔顿的激扬文字，在他生活的那个时代及之后的百多年间，并没有成为广泛的社会共识，更不要说成为普遍的政治实践。这除了证明了弥尔顿的卓越，也

〔1〕《论出版自由》，作者：［英］弥尔顿，商务印书馆，1959 年版，P24、P44。

说明某些大胆的思想，要成为普罗大众的常识，往往需要漫长的时间。真正让包括出版自由在内的“天赋人权”观念深入人心的，是18世纪前后的启蒙运动。启蒙运动最早在法国，之后在英国、德国、美国等早期资本主义国家兴起。通过书籍和报刊，伏尔泰、卢梭、孟德斯鸠和狄德罗等一批思想家将自由、平等、博爱的口号播撒到全世界。在这之后，“出版自由”经过了从理念到实践，从少数国家开风气之先到国际社会普遍接受的过程。

1789年，法国大革命爆发。这次革命提出的口号寄托着人类的乌托邦梦想，而且激发了之后各种大大小小的社会和政治革命。法国大革命通过了《人权宣言》，这是人类历史上第一个“人权”文本，也是人类历史上第一个明确规定言论和出版自由的正式法律文件。《人权宣言》第11条规定：“自由传达思想和意见乃是人类最宝贵的权利之一；因而，每个公民都有言论、著作和出版自由，但在法律所规定的情况下，应对滥用此项自由承担责任。”

新闻自由与表达自由的关系十分密切。若特别提及这个词，就必须要提美国第三任总统托马斯·杰斐逊。他一生极力倡导“新闻自由”，即便自己常常身陷于政敌报纸的谩骂和污蔑之中。杰斐逊说过一句名言：“如果让我在没有报纸的政府和没有政府的报纸之间作选择，我将毫不犹豫地选择后者。”不过，杰斐逊对于新闻自由的最大贡献并不是他说了这句话，而是在他的总统任期中通过了美国宪法的十条修正案，其中第一条就是保证言论和出版自由。美国宪法“第一修正案”规定：“国会不得制定关于下列事项的法案：确立国教或者禁止宗教活动的自由；剥夺言论或出版自由；剥夺人民和平集会和向政府申冤请愿的权利。”

在法国革命和美国革命之后的200年间，世界大部分国家接受了自由和民主的理念，纷纷将言论和出版自由写入宪法，成为基本人权。第二次世界大战后，世界以更紧密的方式联系在一起，人权问题也变得更国际化。各种国际组织制定了人权公约，涉及到人类生活的方方面面。如1948年联合国通过的《世界人权宣言》，1953年的《欧洲保护人权和基本自由公约》等。若论对当今影响最大的文本，恐怕还是联合国《公民权利和政治权利国际公约》，它的第十九条非常全面地对表达自由作出了规定。

链接：《公民权利和政治权利国际公约》第十九条规定

第一款　人人有权持有主张，不受干涉。

第二款　人人有自由发表意见的权利；此项权利包括寻求、接受和传递各种消息和思想的自由，而不论国界，也不论口头的、书写的、印刷的、采取艺术形式的、或通过他所选择的任何其他媒体。

第三款　本条第二款所规定的权利的行使带有特殊的义务和责任，因此得受到某些限制，但这些限制只应由法律规定并为下列条件所必须：

甲　尊重他人的权利或名誉；

乙　保障国家安全或公共秩序，或公共卫生或道德。

完整地理解表达自由

经历了数个世纪的社会发展和变革，人们对“表达”、对“自由”都有了更深入的理解，完整地理解“表达自由”

应该成为当代社会公民的基本常识。

首先，自由表达的形式各不相同。《公民权利和政治权利国际公约》没有沿用“言论自由”和“出版自由”等表述，而是特别指出，这项权利不分国界，“也不论口头的、书写的、印刷的、采取艺术形式的、或通过他所选择的任何其他媒体”。这一表述充分考虑了人类表达方式的多样性。举个例子，这些年有些环保主义者们喜欢戴上动物面具，在赤裸的身体上涂满鲜红色颜料，装扮出各种各样的怪异姿态，以此来抗议捕杀野生动物。这样的“行为艺术”，其实就是一种非常强烈的意见表达方式。2008 年 1 月 3 日，在澳大利亚墨尔本的日本领事馆外，一名维多利亚动物解放组织成员全身涂满红色颜料坐在一面日本国旗上，抗议日本不顾国际舆论反对，以科学实验为名，坚持在南太平洋捕猎 1000 头鲸鱼。

另外，《公约》不仅仅将这种自由局限在狭义的表达行为上。狭义的“表达”仅仅意味着向别人进行传播。但是，人在社会中生活，如果没有获得过任何信息和思想，也就无法对外进行传播。所以，广义的表达是人类精神交往的完整过程，它包含了“寻求信息”、“接受信息”、“持有信息”和“传递信息”四个相互关联的环节。实质上，表达自由是包含了多种权利在内的复合权利。比如，在一个以电视和报纸为主要传播媒体的社会中，一个人若是被剥夺了看报纸的权利，或者没有经济能力购买电视机，我们就无法认为他享有充分的表达自由。通俗地说，没有“知道”的权利，如何有“表达”的可能呢？没有充分“知道”的前提，如何有理性“表达”的可能呢？

再者，表达自由不等于绝对自由的表达，自由并不是没有任何限制的胡作非为。在 1919 年美国的一起著名判例中，大法官霍尔姆斯写道："对言论自由最严格的保护，也不会保护在剧院中谎报火灾而引起恐慌的人。"这句话形象地表明，表达自由绝非没有限度。《公约》在保护表达自由的同时，强调了自由与滥用自由的界限，权利与义务的平衡。虽然在政治实践中，自由与滥用自由的法定界限因国情不同而有所差异，但《公约》所提出的限制条件作为抽象的原则，已被广大成员国所接受。这也为我们理解表达自由的对应义务提供了一个框架。现代社会常常通过法律对表达自由作出两方面限制：其一，表达自由伤害到社会公共利益，比如国家安全、社会秩序或善良风俗；其二，表达自由伤害到其他人的权利，比如名誉权、隐私权、肖像权，著作权等等。概言之，表达自由不能影响公共利益和他人合法权利。

我国《宪法》中的表达自由

我国是社会主义国家，强调人民当家作主，人民应该享有充分的、有保障的各种自由——这种理念应当深入到我们每一位公民的心目中，也成为每个人自我实践的准则。目前，我国尚没有专门的新闻传播法，但是，表达自由的精神内涵见于《宪法》的许多条文中。《宪法》第三十五条明确规定："中华人民共和国公民有言论、出版、集会、结社、游行、示威的自由。"除此之外，还有一些条文规定了相关的权利。例如，《宪法》第四十一条规定："中华人民共和国公民对于任何国家机关和国家工作人员有提出批评和建议的权利。"《宪法》第四十七条规定："中华人民共和国公民有进行科学研究、文艺创作和其他文化活动的自由。”

可见，《中华人民共和国宪法》本就是公民表达自由的根本保障，它规定了表达自由是我国公民的宪法权利。不过，《宪法》对表达自由的规定相对宏观和抽象，具体落实到行动中，尚需各种法律制度对公民的表达自由权利加以细化和切实保障。否则的话，当这种权利受到侵犯时，公民想要拿起宪法捍卫自己的权利，将面临很大的困难和挑战。

2 知情的权利

我们的表达行为不可能单独存在，总是要依赖于各种各样的条件。比如说，如果没有人当你的听众，你的演讲就毫无意义；再比如，对某个公共问题（如环保、房价、教育等），你一无所知，你也就很难提出具有建设性的意见。通俗地说，你要清楚地“知道”，才有理性地“表达”，你的声音被仔细地“倾听”，表达的自由才有了实质的意义。因此，现代的表达自由才包含了持有、寻求、接受和传递等一系列相互关联的权利。

知情权

知情权也称知晓权，它指的是寻求信息的权利。知晓权的提出，简单地看是第二次世界大战的直接产物，但事实上却是社会发展的必然。

“二战”虽然以自由世界的胜利而告终，但它的野蛮、血腥和恐怖，给人类社会和心理造成了极大的创伤。战后，全世界进行了深刻反省，西方一些学者认为，法西斯之所以猖獗一时，一个关键就在于人民被剥夺了“对真实情况的了解”，强大的纳粹宣传机器不断“制造民意”，为发动战争的暴行打下思想基础。

1945年，美联社记者肯特·库珀在一次演讲中提出了“知情权”的观念。他认为，公民有权知道他应该知道的事情，国家应该最大限度地确认和保障公民获取信息的权利，尤其政务信息。了解美国近现代历史的人都知道，美国在“二战”前后经历了从自由资本主义转向福利国家的巨大变革。罗斯福1929年上台执政，大规模地增加政府投资和公共福利开支，以此推动经济的复兴。此举也导致美国政府从过去的仅仅充当“守夜人”的“小政府”向全面管理社会的“大政府”的转变。换句话说，政府越来越成为社会活动的中心。这样，大量的公共信息就集中到了政府的手里。公民只有从政府那里获取足够的信息，才能了解公共事务、参与公共事务，才能有“充分知情的民主”——否则，民主就徒具空洞的形式，因为无法形成真正的公共舆论。这一历史背景，是“知情权”观念提出的根本社会原因。

因此，知晓权在严格的意义上，就是指人民有从政府获得必要的公共信息的权利。既然人民拥有这项权利，作为相对方的政府就有公开信息的义务，这就像一个硬币的正反两面。所以，知晓权又常常和政府信息公开制度联系在一起。

政府信息公开制度

知情权观念被提出后，得到普遍认同，在许多国家从理念“落地”为政治实践，比如1966年美国制定了《信息公开法》，1978年法国和丹麦制定了《行政文书公开法》，1996年韩国制定《公共机关信息公开法》等。虽然现代政府信息公开法在实施细节上有所差异，有些原则却是共通的，具体包括：

首要原则，政府信息公开是常态，不公开是例外。这就是说，从原则上讲，政府的一切信息都应当对公民公开，因为在民主社会中，公民是国家的真正主人——当然这实际上是不可能的，比如涉及国家安全不能公开。因此，信息公开法一般会开列一些依法可以不公开的事项。

与此相关，第二个原则，当公民要求政府信息公开而遭到拒绝时，举证责任在政府，而不是公民。也就是说，在申请看政府信息时，公民并不必找“看”的理由。因为政府文件被认为是“公共文件”，人民自然有理由去知道。倒是政府若是想要保密的话，需要找出“不给看”的理由。这样就使政府无法随意地设置保密限制了。

第三个原则是，法院具有重新审理的权力。即当公民申请信息公开被政府拒绝时，还可以向法院申诉，由法院来裁决那些究竟算不算依法该保密的东西。20 世纪 70 年代美国著名的“水门事件”就是个典型的例子：总统尼克松曾经想以国家安全为理由，拒绝交出那盘最终导致他失去总统宝座的录音带，但美国联邦法院的大法官们却不答应，认为这不属于国家安全范围。

渐进中的我国知情权制度

我国宪法中虽然没有“知情权”这个概念，但在一些具体条文中也表现了知情权的精神内涵。《宪法》规定，“中华人民共和国一切权利属于人民，人民依照法律规定，通过各种途径和形式，管理国家事务，管理经济和文化事业，管理社会事务。”人民要通过各种途径和形式管理国家和社会事务，这就意味着，人民首先要有了解信息的权利，否则，“管理”就无从谈起，“充分知情的民主”更是奢谈。比如某市规划的大型工程项目涉及到环境安全问题，对这个项目可能产生的各种影响，政府需要将专业机构给出的评估结果公之于众，并接受新闻媒体和公众舆论的监督。

1987年召开的中共“十三大”提出了知情权的中国式表述。大会报告提出：重大情况让人民知道，重大问题让人民讨论。考虑到党的报告在国家政治生活中的重要作用，可以推断，知情权事实上已经是我国在公共生活中倡导的一种民主权利，人民也应该确立这种权利意识，积极地了解、参与、商谈公共事务。

近年来，随着经济发展的推动和社会主义民主建设的推进，我国已有不少专门性的法律法规体现出知情权的观念。比如《消费者权益保护法》第八条规定：消费者享有知悉其购买、使用的商品或者接受的服务的真实情况的权利。2003年SARS（非典）之后新修改的《传染病防治法》中，不仅明确了政府要及时、准确地发布传染病信息，而且明确了各级政府和机构如果隐瞒、谎报和缓报病疫情的，将追究责任人或机构的法律责任。SARS事件初期，相关政府部门瞒报感染病例，严重影响了疫情的防控，这个教训让政府部门充分意识到：知情权既是人民不可剥夺的民主权利，也是澄清谣言、保持稳定的最优选择。在信息社会，隐瞒不仅不可能，还会影响政府公信力，甚至导致社会恐慌。在桂林“黄金周爆炸案”和哈尔滨“松花江水危机”两次突发事件中，两地政府采取不同的做法，孰优孰劣，读者自有明鉴。

除了被逐渐引入各种专门法律文本外，近年来，我国各级政府在行政管理中也体现出对知情权观念的认可。如上文所言，严格意义上的知情权，主要指公众了解政府活动情况的权利。政府对公民知情权的保障，主要体现为信息公开制度的建设和落实。1999 年，中国社会科学院成立了专门的研究机构，研究政府信息公开立法问题。2003 年 1 月，《广州市政府信息公开规定》实施，成为第一个对政府信息公开进行立法的城市，该规定明确了“公开为原则、不公开为例外”这一国际通行原则。此后，北京、上海、浙江等不少城市将信息公开付诸实践。2007 年 1 月 17 日，国务院常务会议审议并原则通过《中华人民共和国政府信息公开条例》，2008 年 5 月 1 日起正式实施。虽然该条例性质上只是行政法规，但毕竟走出了重要的一步。

桂林“黄金周爆炸案”

2002 年 10 月 2 日晚 9 点 35 分左右，广西桂林市中心广场发生一起爆炸案，致使 1 人死亡，18 人受伤。时值国庆“黄金周”，桂林又是世界闻名的旅游胜地，其敏感性不言而喻。仅仅在两小时之后，桂林市委和市政府就召开了新闻发布会，向驻桂林的新闻媒体通报了案件的有关情况。此后几天，市政府又多次召开新闻发布会，及时向媒体通报案件侦破的进展，直到案件成功告破。

面对突如其来的爆炸案，面对骇人听闻的恐怖事件，桂林市没有沿袭许多地方的“惯例”，动用党政权力“捂盖子”，严禁媒体“擅自炒作”，而是沉着冷静，处变不惊，选择了一种理智、开明的做法，争取了舆论上的主动，稳定了社会心态，赢得了公众的信任，树立了政府的新形象。桂林市的主要官员总结说：“一个不自信的政府，有什么稳定可言？一个不相信人民群众的政府，有什么稳定可言？”

哈尔滨“松花江水危机”

2005年11月13日，中石油吉林化工公司双苯厂胺苯车间发生爆炸事故。爆炸产生的大量污染物流入松花江，向下游大城市哈尔滨流去。11月21日，哈尔滨市发布的第一次公告却称，因对供水管网设施进行检修而临时停水4天。获知消息后，许多正在上班的市民赶回家储备生活用水，超市内的饮用水和饮料出现了抢购风潮。

一天之后，哈市政府第二次公告市民称：11月13日，中石油吉化公司双苯厂胺苯车间发生爆炸事故。据环保部门监测，目前松花江哈尔滨城区段水体未发现异常，但预测近期有可能受到上游来水的污染，决定临时停水4天。11月22日晚发布第三次停水公告，与前两次公告不同的是将全城停水开始时间延迟到23日零时，且停水持续时间由前两次公告的4天变成了未知数。

很难相信，哈市政府在第一次公告市民时自己不知情。那么，除了隐瞒之外，就没有更好的解释了。至于隐瞒的目的是什么，不得而知。但即便是为社会稳定而考虑，隐瞒也不是良策——“管网检修”的说法让市民议论纷纷，网络上甚至出现了“地震”的传言，造成了一定的恐慌。更重要的是，隐瞒意味着公众的知情权被践踏了。试想，如果公众对这类事件均无法知道真实情况，他们如何相信自己的生活是安全的呢？

知情权与媒体

从根本上说，表达自由是每一个公民的权利，而不是新闻媒体的权利。人们常常把知情权、监督权等看成是媒体的权利，这其实是个误解。民主社会中，一切权利属于人民，包括新闻媒体在内的任何机构都不享有比公民更高、更多的权利，这一点应该作为政治生活中的常识加以接受。

不过，这种误解也是“事出有因”：在现代社会中，知情权的实现常常需要依赖大众传媒这个途径。现代社会太大，人们不可能像东林党人那样“事事关心”，而许多事务又专业性太强或是太复杂，一般公民又难以理解其中奥妙。因此，新闻媒体就扮演了社会信息交流中介的角色，促进政府、公众、专家系统以及各种意见社团之间的沟通，其采访权和发布权，正是为了满足公众的知情权。

换句话说，新闻媒体常常是公众实施其知情权的“代理人”。公众与政府之间的“知情”与“公开”这一权利义务关系，往往是通过媒体发布政府信息、监督政府行为、讨论公共事务来体现的。近年来，各级政府在实施信息公开制度的同时，也不断完善政府新闻发言人制度。对于公众关心的问题，政府举行新闻发布会，各路媒体前去采访提问，然后加以报道和讨论，这种方式将越来越成为公共生活的常态。不过，我们仍然不要忘记，权利的主体最终属于人民，而不是新闻媒体。正是因为人民有权知道，所以媒体才有权采访和报道。

3 接近媒体的权利

我们根据自身经验就知道，即便享有言论、出版或其他方式的表达自由，但要真正实现这种自由，却并非那么容易。对朋友表达个看法很简单，只要他愿意倾听就可以；但若想通过大众传媒来表达自己的意见，让更多人知道你的所思所想，就有相当的难度了。

在市场导向的社会中，人们非常容易接受交换观念，且把交换观念应用于一切领域。不少人认为，新闻媒体不发表普通人的意见，没什么大惊小怪，媒体喜欢的是名人明星、专家学者，而非普通公众，因为前者更受关注、更具影响，更能给媒体带来效益。

这么想，没错，但也不全对。关键在于，如何看待大众传媒的性质：它究竟是商业性的企业，还是公益性的事业？如果是企业，那么，它以利润最大化为目标，什么东西最好卖，就生产什么东西，公众和媒体的关系纯粹是消费者和生产商的关系，自由买卖、优胜劣汰，没什么好说的。但是，媒体从来就不完全只有商业性，它还具有公共性——作为公共意见交换的平台，报道公众应该知道的消息，代替公众监督政府的公共决策。以美国媒体为例，产权多为私有，属于典型的商业媒体，竞争非常激烈，即便如此，社会各界依然反对完全将受众当成消费者，媒体也以“看门狗”的角色为追求。

既有商业性，又有公共性，这恰是媒体的双重属性特征。看起来，这个问题有些复杂：媒体对社会的影响太大了，以至于不能只将其完全当成商品，单纯以盈利为目标；但是，媒体又确实需要利润，以支持运转和持续发展。这种“两难困境”，恰是人们提出“接近权理论”的内在原因。

接近权

弥尔顿曾经热情地相信，只要有表达自由，就会有“意见的自由市场”，让各种意见和思想“百花齐放、百家争鸣”，并且真理最终必将战胜谬误。这个想法，若说在自由竞争资本主义时代更有根基的话，那么到了垄断资本主义时代，恐怕就会面临严峻考验了。

随着西方国家资本主义经济的发展，自由资本主义时代的企业越来越走向集中，所有权越来越控制在少数超大型垄断集团的手中。实行商业模式的传媒业，自然也不例外。有统计显示，在 1880 年到 1930 年的 50 年间，美国拥有两种以上竞争性日报的城市占出版日报城市总数的比例，从 1900 年起不断下降，由 61.5% 下降到 9.7%；而一个城市只有一家日报的城市，在出版日报的城市中不断上升，从 1880 年的 38.3% 上升到 71.5%。这就是所谓的“一城一报”现象。

媒体越来越庞大、越来越集中，导致的坏结果是，创办媒体需要数量惊人的资金，一般人根本不可能进入这个市场；即便创办了，也没有能力应对媒体寡头的市场挤压；同时，媒体集中使得竞争性的媒体变少了，甚至消失，那么与媒体寡头不同的意见就可能得不到在媒体上表达的机会。媒体寡头越是为了经济效益而追捧名人和明星，边缘人群的意见就越得不到表达。由此，弥尔顿理想中的“意见的自由市场”不复存在，只不过，导致意见被垄断的原因，不是政府对人民表达权利的剥夺，而是市场竞争导致的过度集中。

这个问题在20世纪40年代的美国就开始凸显。当时，美国还专门成立了一个“新闻自由委员会”，召集了一批大学校长、法学家、政治学家、诗人甚至神学家，专门调查美国新闻自由的状况。值得一提的是，胡适先生也被聘请为外籍委员。这个委员会经过考察后认为，美国的新闻自由正在遭遇威胁，其中的一个重要原因就是媒体垄断伤害了“意见的自由市场”。不仅如此，掌握在大企业手中的媒体为了自身利益正变得日益保守，甚至对抗社会变革。为此，委员会在《一个自由而负责的新闻界》报告中提出了许多对策，比如：要求媒体能“全面地反映社会各个集团的面貌”，要让“所有值得倾听的声音都能被倾听”，甚至考虑建立非商业性媒体作为商业媒体的补充。其中，不少建议都反映出让公众“接近媒体”的重要意义。

1967年，法学教授杰罗姆·巴伦明确提出“接近权”概念。他将这种权利看成是言论自由权的自然延伸，因为古典自由主义对“意见自由市场”的浪漫主义理想已经过时，为了确保公众能够“真正实现”言论自由，必须由宪法确认公众“接近”媒体的权利。我们用的“接近”，是根据英文access翻译过来的，这个词也有“使用”的意思。按巴伦的理解，如果通过法律确认接近权，就意味着，一般人可根据这项权利，在一定条件下，要求媒体提供版面（报纸）或时间段（广播和电视）允许私人免费或付费表达意见。

虽然“接近权”如何通过立法来实现颇令学者们为难，但让公众“接近和使用媒体”的理念却日益被社会认可。下面，我们就简要介绍下公众“接近”媒体的主要方式。

“接近”媒体的方式

1. 受众来信

大众传媒的组织化特点，决定着人们不可能像日常交谈那样，你一言、我一语，及时地根据语境调整交流的内容和方式。以报纸、广播、电视为代表的传统媒体，只能一股脑儿地把内容传给受众，而受众要想反馈意见，在时间上是相对滞后的。

受众表达意见的一种常见方式就是写信，或者打电话、发电子邮件、留言甚至登门访问等。受众在来信中可以对节目提意见，也可以一般性地反映社会问题，或者是试图让媒体采访报道自己遭遇的事件等。央视《焦点访谈》2002 年前后，平均每天收到的各类信息有：观众来信 300 封、电子邮件 300 个、热线寻呼 400 个、来电 130 个、来访 20 起。

这种方式能不能达成写信者希望的结果呢？这就要视情况而定了。一般而言，受众对媒体提的意见，媒体会集中起来，综合考虑各种不同意见，在此基础上讨论改善方案。但改进的方向是否和某个读者的希望一致，却不是单个的读者所能掌控的了。如果是向媒体反映社会问题或自己遭遇的事情，要看这个问题或事情是否有足够的重要性、普遍性或典型性。事实上，多数情况下，试图让媒体帮助解决个人问题的想法都难以成功。看看前面的数字就知道了：《焦点访谈》每天只有1期节目报道一个问题或事情，怎么可能解决那么多来信、来电反映的问题呢？

不过，如果你反映的问题非常典型，又比较新鲜，那就另当别论了。1995年，苏州的一个普通市民给市委书记写信，控诉色情光碟毒害了她本来很优秀的儿子。当时，制售色情品等非法出版物的行为比较猖獗。这封来信最终被转到了人民日报社，并在《人民日报》12月18日头版发表。很快，国务院就部署了全国性的“扫黄打非”行动。可见，如果你的“个人问题”跟某个阶段需要迫切解决的“社会问题”紧密相关，被媒体报道的可能性就会大大增加。

2. 受众参与

受众参与的做法首先是从广播电视业开始的，因为技术上比较容易实现。有个阶段，很多观众非常喜欢中央电视台崔永元主持的《实话实说》，很大程度上是因为有幽默的现场交流。虽然现场观众无法像嘉宾那样“道理一箩筐”，但他们代表了不少公众对社会问题的普遍看法，同样是一种非常坦诚的声音。

比现场参与讨论更疯狂、更刺激的做法，就是给电视台发短信。说到短信投票，自然要提《超级女声》这类“海选”节目。这类娱乐节目的主题并不关乎公共问题，但“草根选拔”的做法既让许多做着明星梦的年轻人有机会上电视一展风采，也让喜欢她们的“粉丝”有了热情参与、投票推选的参与机制。

除现场讨论、发短信外，打电话参与也是一种很省事的方式，在广播节目中尤其流行。港台地区称之为“叩应”（CALL-IN）节目，台湾很多节目都预留有“CALL-IN”时间，如中天综合台《娱乐百分百》在嘉宾（李敖和周长娟）访谈中有“简讯记者会”。2002 年 12 月 2 日，台湾环球电视《挑战李敖》节目中，让观众打热线电话进来挑战李敖。观众在 Call-in 节目中可以及时、匿名地表达自己的观点，而且口头表达比书面更易理解，于是迅速形成一股热潮，迄今方兴未艾。

网络技术的发达，使报纸与读者之间的互动变得顺畅、简单。近两年比较流行的方式是，编辑部开通 QQ 和 MSN 等实时交流工具，读者可以和编辑、记者在线聊天。如果编辑觉得你的话题有意思，就会把内容刊登出来。比如杭州《都市快报》每天就有一个版专门刊登这种“编读聊天”。

3. 受众制作

从受众来信到受众参与，“接近”的程度大致有所增加，而受众制作则更进了一步。比如我国电视业流行的“民生新闻”，常常报道发生在街头巷尾发生的事情，这就非常适合普通公众拍摄。江苏电视台开办民生新闻栏目《南京零距离》，就有不少经常联系的“百姓摄像师”。有一次，一座大楼倒塌了，一对夫妻正好经过，丈夫是外国人，他把大楼倒塌的过程全部拍下来，在《南京零距离》的转播车赶到现场连线的时候，这段用 DV 拍摄的画面通过转播车播放了出来。

“让公众制作节目”，这意味着普通受众可以做以往只有新闻工作者有权去做的事情。这种方式的业余性（多数是非营利性的)、自发性（真实的社会表达)、多样性（代表了不同的社会群体的声音）等特点，恰恰可以成为职业新闻的有益补充。

在英国，大名鼎鼎的英国广播公司（BBC）是一个公营广播电视机构，也称公共广播。它很早就向公众提供了自己制作节目的机会。公众可以向管理机构提出申请，如果获得通过，不光有播出的机会，甚至可以得到资金上的支持。当然，这种受众制作毕竟是业余的，无法取代专业化的新闻生产。

链接：公共广播

在体制上，世界广播电视业大致可分三种：1. 商营模式，媒体属于私营企业，以提供信息和娱乐为主要服务，以盈利为主要目标，以职业道德规范来保障社会责任和公共利益，这种模式以美国为代表。2. 国营模式，媒体属于国家所有，在提供信息和娱乐之外，还主要负有宣传政府政策和进行舆论导向的任务，它主要依靠政府管理来保障其正确性，这种模式以我国为代表。3. 公营模式，媒体不属于私人所有，但也相对独立于政府，它一般由非官方的公共机构领导，接受广大公众的监督，这种模式以英国的 BBC、日本的 NHK（日本广播协会）为代表。

公共广播主要依靠稳定的视听费而不是变数很大的广告生存，这能够使它在市场竞争中比较超然；同时由于它不直接归属于政府管制，使它也能对政府保持独立的批判精神。许多公共广播的支持者相信，这种制度能让媒体致力于制作严肃的、有品味的、有重要的文化和社会价值的新闻、科教和艺术内容，更能保持社会的多元声音，更能保障广大公众的视听权利乃至接近媒体的权利。

（来源：《世界广播电视业》，作者：吕禾，《环球时报》，2004年3月3日第14版）

上述几种公众接近媒体的方式，并不是巴伦所提出的严格意义上的“接近权”概念，但其内在的理念是一样的：让普通人能够通过媒体表达意见，让媒体的声音更加多元化，而不是把媒体全盘交付给资本控制者、职业传媒人和社会精英。

不过，必须指出的是，这三种“接近”方式并没有强制性，尤其在西方国家，媒体的商业模式决定了这种权利的实现主要依靠媒体的职业道德。我国是社会主义国家，媒体属于国家所有，理论上说，人民更应该享有接近媒体的权利。这方面，我们既需要加强媒体的社会责任和实践创新，也需要公众有更强的参与意愿和权利意识。

互联网是接近权的乌托邦吗

网络的兴起和摄像器材的家庭化为普通公众提供了比以往多得多的表达机会。比如“博客”和“播客”，就是非常个人化的信息发布平台，同时又可以面向全社会。有些人甚至认为，随着网络的普及化，每个人都可以成为记者，草根新闻时代已经来临。

2005年7月7日早上8点50分，伦敦地铁站发生恐怖袭击爆炸。爆炸发生后不久，互联网上就出现了数百个个人博客站点（blog），迅速跟踪报道整个恐怖袭击。数小时内，博客检索网站 Technorati（跟踪1300万个网站和130万个链接）上，已经出现了几千条日志、几百张照片和视频。这些大部分来自亲历爆炸现场和居住于爆炸现场附近的英国市民。英国广播公司（BBC）网站转贴了目击者拍摄的照片和视频，《卫报》也登出了目击者博客上的现场回忆。早在专业新闻人员赶到现场之前，这些信息就已向全球发布——在此事件中，普通公众抢了职业新闻人的头彩。[1]

这是不是意味着我们可以将实现接近权的理想全部托付给互联网技术的进展？就技术特性而言，互联网确实具有传统媒体不具备的优势，尤其在参与面和自由度上，但要将全部希望寄托于网络技术之上，未免就太理想化了。

首先，个人发布信息毕竟不能与大众传媒有组织地发布信息相抗衡。无论如何，大众传媒的专业性、规模性和影响力都是个体信息传播者所不具备的。因此，要让一种声音能够在社会中产生广泛影响，大众传媒仍然是最有效的工具。许多新闻事件，首先在互联网上由个人披露，然后被媒体加以转载、深入调查和报道，再在全社会产生广泛影响。这种模式似乎表明，如果运用得当，互联网和大众传媒在表达民意上可以相互补充，但前提仍然是大众传媒以公共利益为重，关注那些值得倾听的声音。

其次，使用互联网需要一定的物质技术条件，何况还有不少人没有上网，或者即便上了网却没有利用网络来表达意见的习惯。传播学里有个“知识沟”理论，认为：随着信息技术的进展，那些搜寻信息能力较高、接受信息较多的人，会获得越来越多的信息，而那些本来就缺乏搜寻信息能力的人，则很难凭借新的信息技术获得太多好处。这样一来，新的信息技术不是缩小了人们在信息占有上的“贫富差距”，而是加剧了这种差距。而在信息时代，信息的贫富差距最终与社会经济地位的差距是密切相关的。因此，如何让更多的社会弱势群体能够用上新媒体，也是个重要的社会议题。

---

〔1〕《市民新闻的兴起与媒介接近权的演进》，作者：尹冠男、孔祥武，《青年记者》，2007 年第 10 期。

小　结

表达自由对人们来说，具有根本而重要的意义。如果剥夺了一个人“说话”的权利，他就不可能为自己争取其他的权利和自由。正因如此，现代的民主国家都以宪法来保障表达自由，许多国际性的公约也将其作为基本人权加以保护。

大众传媒的“新闻自由”，根植于普通公民的表达自由权利之中。它并不能超越普通公民的表达自由，而只是作为人民实现这种自由的代理人。另外，表达作为一个社会性的行为，总是存在于一定的社会环境中，需要一定的条件，因此表达自由包含了多种权利，其中最重要的两种权利就是知情权和接近权。这两种权利，对于民主国家的健康运转，人民生活的自由和幸福，是非常关键的保障。捍卫自己的这两种权利，同时帮助那些尚不能很好地通过表达来捍卫自己权利的人们，是非常高贵的公民意识。

第九章

面对媒体侵权的时刻

随着社会发展，媒体与我们的关系越来越紧密，也越来越丰富多样。我们不再是看客，既有可能成为报道对象，一夜之间被千家万户知晓；也有可能成为信息提供和发布者，左右公众讨论的议题。媒体给我们带来接触世界的机会，也带来世界接触我们的机会，便利的同时也可能意味着侵害。

媒体与个人的冲突主要表现为新闻报道对公众“人格权”的侵害。人格权是人权的基本内容，其范围很广。诸如人身自由、人格尊严、生命、身体、健康、名誉、隐私、肖像、姓名等权利，都属于人格权范畴。另外，法人是“拟制人”，虽然没有物质意义上的“身体”和“健康”，没有精神生活，也没有“隐私”一说，但法人也同样以特定名字和角色参与社会生活，因此它享有名称权和名誉权等人格权。

在这些权利中，“名誉权”、“肖像权”和“隐私权”侵权的三类媒体官司，经常见诸报端，或流传于街头巷尾。个中原因，一方面是公众通过法律手段维权的意识空前提高；另一方面也不能忽视，随着社会转型逐渐深化，媒体侵权的发生几率日益增加，甚至有愈演愈烈之势。

1 名誉权

名誉与名誉权

“人活一张脸，树活一张皮。”名誉权是法律赋予每个公民的权利，日常社会生活中，人们都能体会到维护名誉的重要。不过，大家是否知道“名誉权”到底指什么，又包括哪些内容呢？

从法理上讲，名誉权指人们依法享有的对自己所获得的客观社会评价排除他人侵害的权利，它主要表现为名誉利益支配权和名誉维护权。换句话说，我们每个人获得的社会评价，应该是社会对我们自身表现的客观评价，如果不是我们自己的过错，仅仅是他人有意识的行为使这种评价降低了，那我们的名誉权就受到了侵害，我们会感到“名誉扫地”。

链接：《民法通则》对名誉权的保护

我国法律对名誉权的规定，始于 1987 年颁布的《民法通则》。其中第 101 条规定：公民、法人享有名誉权，公民的人格尊严受法律保护，禁止用侮辱、诽谤等方式损害公民、法人的名誉；第 120 条规定：公民的姓名权、肖像权、名誉权、荣誉权受到侵害的，有权要求停止侵害，恢复名誉，消除影响，赔礼道歉，并可以要求赔偿损失。

如何认定名誉侵权行为

什么样的情形可以被认为是侵害了名誉权呢？按照民法理论，认定一个行为侵害了名誉权，需要满足四个要件：第一，传播内容公开并且产生了一定的影响；第二，传播内容有侵害他人人格权的违法性质；第三，传播内容有特定指向；第四，行为人在主观上有过错。你听了是不是觉得有点复杂？我们来逐条予以解释。

1. 公开与产生影响

既然名誉是一种社会评价，那么，对名誉的伤害就必须有公开的传播才能产生。这里的“公开”，法学家们一般认为可以操作性地等同于“第三者知悉”，也就是说，如果除了相对两方，还有另外的人知道了，那么就算是公开了。

至于何为“产生影响”，需要区分公民和法人。对于一般公民，只要传播内容在媒体上公开了，就可以认为产生了影响（至少可以说，它让当事人精神感到不安）；但对于法人，只有传播内容的公开是不够的，还需要法人举证造成了实际上的损害。

为什么有这样的区别？有两个原因：其一，法人并不享有真正的精神生活，因此它不会仅仅因为某些内容被公开而感到精神上的羞愧和不安，而更多的是担心负面消息影响到自己的实际利益。这一点与自然人是不一样的。其二，法人的活动是社会公共领域的一部分，与公共利益有关，因此人们普遍认为，在媒体和公众对法人的报道权、批评权和法人的名誉权之间，应该适当地向媒体与公众这一方倾斜。

2. 诽谤和侮辱

传播内容具有侵权的性质，主要可能通过两种方式：诽谤和侮辱。所谓诽谤，是指散布虚假或不实信息。我们来看个例子：

无端造谣侵害名誉权[1]

《花地》杂志（1989 年第 4 期）刊载了一篇通讯，题为《乐坛色案——著名钢琴家刘诗昆入狱前后》。这篇文章几乎通篇造谣：将在文革中深受迫害的刘说成是“纠合一批人马、四处造反批斗的文艺界‘打砸抢’的始作俑者”；说刘以教钢琴为名诱奸女青年；说刘假借党和国家领导人的名义，向港商索要巨额财物……愤怒之下，已经定居香港的刘诗昆回广州向法院提起名誉权诉讼。经法院调查，该文章是作者从境外刊物上抄袭来的。在庭审中，被告拿不出任何证据证明文章的真实性。经法院调解，被告向原告承担公开赔礼道歉、赔偿损失等民事责任。

不过，像这样通篇子虚乌有的报道并不多见。很多时候，只是报道的部分事实或细节失真。那么该如何判定呢？关键在于把握住一个词：基本失实。基本失实不是一个“量”的概念，而是一个“质”的概念。也就是说，它的主要判定依据不是失实内容占总体内容有多大比例，而是看失实的部分是否构成了对问题性质的认定。

[1] 参考：四川省社会科学院郭晴，硕士论文《新闻传播侵权的表现形式》。

结论不当侵害名誉权[1]

1994年，沈阳有一对夫妻赌博输了钱，悔恨之下想到了自杀，服下了6瓶河南驻马店制药厂生产的佳静安定，结果因药性不够而生还。这则社会新闻迅速地被当地一家报纸以“夫妻轻生，假药救命”为标题报道。当时，驻马店制药厂正在东北参加药品交易会，因这篇报道的影响，订货量大幅度下降。事实上，佳静安定是该厂生产的一种高效低毒的安眠药，成人的半数致死剂量在56瓶以上。报纸的记者和编辑虽然“准确地”报道了事件经过，但却在关键问题上中了经验思维的圈套。结果，驻马店制药厂诉至法院，经调解，报社承认侵权，赔偿经济损失30万元，并承诺在一版更正道歉。

新闻报道讲究时效性，而且受到各种调查条件和手段的限制。因此，要求媒体在报道新闻事件时，每个细节都毫厘不爽是过分的要求。但是，媒体也不能因此而随便想象和捏造，即便损害公民和法人的名誉也无需承担责任。“基本失实”就是这些要求平衡之下的一个标准：它一方面为名誉权设置“保护伞”，另一方面也对媒体的轻微失实予以适当宽容。

所谓侮辱，是指用言辞、图像（比如恶意丑化的漫画）和其他手段对他人的人格实施侵害。侮辱和诽谤不同，诽谤主要涉及真实性的问题，而侮辱则无须涉及事实；另外，诽谤可以是故意的捏造，也可以是无意的传播，但侮辱则一般都是故意的。

人类的语言形式太丰富多样，因此，究竟什么样的言

---

〔1〕参考：樊斌，《新闻官司对新闻事业消极的影响》。

辞算是侮辱，恐怕很难从法律上去定义。作出这个判定，既需要看事情发生时的具体情形，也需要考虑社会的风俗和传统，以普通人的常识和道德理解为标准。像用“非人”的词语骂人，比如骂人是“猪”、“狗”、“王八蛋”等，一般就是侮辱；再比如，将一些特定的贬义称谓加诸某人，如“二流子”、“神经病”、“伪君子”、“泼妇”、“负心汉”、“强盗”等等，也很可能构成侮辱。

侮辱性言辞侵害名誉权[1]

1987年，某刊发表了有关已故评弹艺术家徐丽仙的爱情生活的文章。文章的内容基本属实，但在谈及其前夫严某时，作者使用了“花花公子”、“负心郎”等带有侮辱性的言辞。同时，在提及严某的现在的妻子的时候，将其称为“姘妇”。严某夫妇据此起诉杂志社及作者侵害名誉权。法院判定被告侵害名誉权成立，须登报赔礼道歉，并赔偿人民币900元。

3. 特定指向

民法的侵权理论要求在致害行为和损害后果之间找出因果关系。将这个一般原则运用到名誉权纠纷中，就可以具体化为“特定指向”，即侵权内容确切无疑地指向了某人，并且已经公开，因此可以判定在这些内容和某人名誉受损之间存在因果关系。

这个要件看上去非常容易判定——在大部分情况下也确实如此，因为大多数新闻报道和其他的文章都会具体指明当事人的姓名和身份。不过，也有例外，比如，文章作

〔1〕参考：浙江大学本科教学多媒体网络课程《新闻编辑评论学》课件，http：//www.cmic.zju.edu.cn/cmkj/web-xwp/g/g_2/g_2_1/g_2_1_2.htm。

者既想传播某些信息，又想给自己带上“防护罩”，于是就来点“含沙射影”。这种情况该如何认定？除了能够作出排他性判断的情况，最关键的就是与当事人有联系的公众会怎么看——如果看完文章，公众都认为它指的就是某人，那么这个“特定指向”就成立了。比如，在李谷一诉某报侵权案中，涉讼报道就没有直接点明“李谷一”这个名字，而是说“10年前以一曲《乡恋》名噪大陆的某乐团领导”；在游本昌诉某报侵权案中，涉讼报道所用的称谓是“活济公”。这两个案件中，文章中所描述的当事人的各种特征、行为和经历，都足以让人明白，作者所指向的就是李谷一和游本昌。

4. 故意或过失

除了上面三条，在认定名誉侵权行为时，还需要判断行为人在主观上是否有过错。请注意，这里“主观上有过错”要大于“故意”的概念。故意当然是一种主观上的过错，但过失也是一种主观过错。

比如说，就大众传媒来说，它享有刊载文章的自由的同时，是需要对文章内容的真实性和公正性负有“把关”责任的。如果它未能做到这一点，即便只是因为编辑工作太累潦草塞责造成，就属于主观过错了。

那么，非过错的情况是什么呢？我们举例说明：按我国法律规定，如果大众传媒根据国家机关的公开文书和公开职权行为做出报道，造成了名誉侵权，那么大众传媒将不被认为主观上有过错，因此也无需承担侵权责任。例如，某厂生产的木地板被某市质量技术监督局检验为不合格，并且公开披露，报纸刊登了这一消息。但不久之后，质量技术监督局发现检验结果有问题，该商品其实是合格品。这种情况下，媒体是不需为自己的“如实报道”行为承担过错责任的。不过，媒体也并非免了任何义务：既然它对前一次的情况作了报道，倘若国家机关更改了公开文书，那么媒体也必须相应地报道更正的情况。

2 隐私权

隐私和隐私权

隐私的含义可以从“隐”和“私”这两个字中去读解。“私”与“公”相对，指的是与公共信息、公共事务、公共领域、公共利益无关的私人信息、私人事务和私有领域。“隐”，指自然人不愿意公开。在过去相当长的时间里，“隐私”是个贬义词——人们常常用“不可告人”这个词来形容坏事情，但其实每个人都有些事情不愿告人，这与事情的好坏无关，只与自己保持心灵的独立、自由和安宁的愿望有关。因此，隐私观念被普遍接受是现代社会的进步。

链接：个人隐私的主要内容

私人信息：健康状况、生理缺陷以及其他生理特征；生活经历、社会关系、家庭住址、收入、其他私人资料等。

私人事务：日常社会交往；恋爱、婚姻、家庭状况；有关性的行为等。

私有领域：住宅；私人交往场所；私人文件和资料储存等。

（参考：吴飞：《大众传播法论》，浙江大学出版社，2004年）

显然，隐私权指的是人们有依照法律规定保护自己的隐私不受侵害的权利。这主要包括两个方面：其一，公民对于自己与社会公共生活无关的私人信息和私人事务，有权要求其他人不打听、不搜集、不传播，也有权要求媒体不报道、不评论；其二，公民对于自己与社会公共生活无关的私生活，有权要求他人不得任意干扰，包括自己的身体不受搜查、自己的住宅和其他私生活区域不受侵入和窥探。

链接：司法解释对隐私权的间接保护

1987 年的《民法通则》明确规定了名誉权，但却没有明确定规定隐私权，不能不说是一个重大的缺憾。1988 年和 1993 年，最高人民法院在司法解释中作出规定，将对隐私权的保护纳入到对名誉权保护的范畴。司法解释规定："对未经他人同意，擅自公布他人的隐私材料或者以书面、口头形式宣扬他人隐私，致使他人名誉受损害的，按照侵害他人名誉权处理。"

切不可将这两者混为一谈。名誉权保护的是人们"受到公正评价"的权利，而隐私权保护的是人们"不被打扰"的权利。不少事情，说出去并不会导致社会评价降低，但这并不必然意味着人们愿意公开它。还有，媒体常常认为真实是最重要的，而且真实确实可以作为名誉权纠纷中起决定作用的抗辩理由，但真实对于隐私权，恰恰是"决定性的伤害"。

好在近年来，不少立法都充分考虑了对隐私权的保护，比如《未成年人保护法》、《妇女权益保障法》、《银行法》、《艾滋病防治条例》等，都将隐私保护明确写成条文。可以想见，随着社会多元化程度的加深，隐私权的观念将越来越得到广泛的认可。

媒体对隐私权的侵害方式

隐私的关键在于“隐秘”，大众传播的特点在于“公开”。从某种程度上说，大众传媒常常是隐私的“杀手”。媒体对隐私权的侵害，主要有两种方式：一是披露了属于隐私的信息，二是为了获得某些信息，非法侵扰了私生活区域。

艾滋孤儿的隐私权[1]

小莉的父母因患艾滋病而死亡，作为艾滋病遗孤，她在生活、精神上备受歧视和磨难。在热心人士的帮助下，小莉被一位教授收养，在一般人并不知道她身份的地区读书学习，基本摆脱了受伤害的阴影。

2005年，某报记者对收养小莉的教授进行了采访，教授在接受采访的同时，向报社提出两个要求：一是不能用小莉的真名，二是不能用她的照片，即使技术处理也不行。记者答应了这一要求。但是，2005年12月2日，该报在第一版及A16—A17版上，以很大的篇幅刊登了小莉的脸部特写照片，以及小莉和弟弟及父亲（现已去世）的照片，并标明她父亲因患艾滋病而死亡以及小莉艾滋孤儿的身份。小莉的监护人看到报道后大吃一惊，即与报社交涉，有关人员表示了歉意，说这是“粗心”和“交接疏忽、技术失误”造成的，但没有承认对小莉侵权。

教授和小莉以侵犯隐私权为由将报社诉至法院。法院最终判定，报社侵权行为成立。

---

〔1〕《用法律质疑媒体职业道德——首例艾滋孤儿隐私侵权案的背后》，作者：吕娟，《法律与生活》，2006年6月。

Tips：判断媒体宣扬隐私的主要方式

1. 报道与"性"有关的话题而对当事人不加任何避讳（"性"是天然的隐私，但也是媒体热衷的话题）。

2. 报道未成年人违法犯罪以及其他不良行为时任意披露未成年人姓名、肖像或其他足以辨认的资料。

3. 披露私人信件、电话、日记、电话号码、私人肖像、财产、健康状况。

4. 披露私人生活、交往关系、恋爱关系、婚姻关系。

媒体的工作，不仅是最终发布信息，在发布信息之前还需要搜集信息。这一职业特点，使媒体人也常常不恰当地介入别人的私生活。需要注意的是，侵入私生活不仅仅包括实际进入住宅、私人场所等空间的不当行为，也指偷窥、监视、跟踪等干扰他人私生活的行为。实际生活中，前一种方式并不多见，更常见的是"狗仔队"对名人形影不离地跟踪和偷拍。不过，由于名人隐私权的范围非常小，跟踪、偷拍的行为又很难在法律上界定，这方面更多依靠媒体自律。1997 年，英国王妃戴安娜在狗仔队的追踪中遇车祸身亡，该事件也引发了许多人对于新闻职业伦理的思考和争议。

3 肖像权

也许你认为，肖像权遭侵犯的事情只会发生在名人身上，跟普通人没什么关系。这个看法太理想化了，你既可能因为某些事情而成名，也可能在某个场景下无意中留下的照片，就莫名其妙地被商家用于宣传了。

百岁老人捍卫肖像权[1]

江苏省如皋县有位百岁老人吴凤珠，在“非典”期间从电视上看到白衣天使为治疗病人忘我付出后大为感动，于是亲手剪制百只“寿桃”，要献给小汤山白衣天使，祈求他们健康平安。后来，吴大妈剪制“寿桃”的图片被很多新闻媒体刊用。

然而，时隔一年，吴大妈又在南京某报上看见了自己的照片，只不过原本是新闻照片，现在被用到了广告中。广告内容说的是79岁的吴大妈一年四季天天鼻涕不断，被鼻炎、咽炎折磨了50年，用美国银离子20天就好了。身体健康的吴凤珠老人看到自己的照片被用在这样的广告上心中很难过。好在她平时就喜欢看电视中的案件报道，她认为自己的肖像权被侵犯了，这位百岁老人决定拿起法律的武器为自己维权。2004年5月14日，如皋法院立案庭的法官主动上门为这位百岁老人提供法律服务，并为老人办

〔1〕《照片成医疗用品广告　老人要告媒体侵犯肖像权》，作者：木子、孟大庆、陈璇，《北京青年报》，2004年5月18日。

理了立案手续。

由是观之，肖像权作为人格权的一种，不同于名誉权和隐私权的地方在于，肖像权可以为人们带来经济收益。因此，肖像权所体现的人格利益包含了精神利益和财产利益。在当今社会，肖像权就像一种个人财产，是可以出售的，而“代言人”就是专门出售自己的肖像权或肖像使用权获利的一种职业。重庆还曾举办过肖像权拍卖会，在拍卖会上参拍的是重庆“美景、美食、美女”评选活动中产生的美女佼佼者，商家则根据各自需要，选择不同美女形象，拍得美女的肖像权，即可作为企业和产品的形象代言人。

链接：《民法通则》对肖像权的保护

1987 年的《民法通则中》，规定了公民的肖像权。第 100 条规定：公民享有肖像权，未经本人同意，不得以营利为目的使用公民的肖像；第 120 条规定：公民的姓名权、肖像权、名誉权、荣誉权受到侵害的，有权要求停止侵害，恢复名誉，消除影响，赔礼道歉，并可以要求赔偿损失。

不过，《民法通则》的相关条款以“未经同意的营利性使用”作为侵害肖像权的要件，并不完全妥当。它强调了肖像权的财产权益，但却没有足够重视肖像权包含的精神权益。很明显，当一个人肖像被恶意地涂改、丑化和歪曲，并广为传播，对其精神的伤害是非常严重的。网络上曾有一位不知名的少年“小胖”，他无意中被别人拍下的照片在网上被“恶搞”成各种各样的姿态。这种“恶搞”行为，实际上已经涉嫌侵犯肖像权。

4 人格权与公共利益的平衡

看完上文，你对媒体侵犯人格权（名誉权、隐私权和肖像权）的方式、认定等问题有了基本了解。这样，当遇到类似的事件的时候，你就能运用这些知识作出大致判断。

不过，上面的讨论是以“一般情况”为基础的，它体现了一些基本原则，但尚未考虑某些更为复杂的情况：媒体是公共信息交流的平台，也是讨论公共事务的场所，它在报道新闻、实施舆论监督、评论社会和事件等行为中，不可避免地会涉及到对人、对机构的信息披露和评价。如果过于保护私人（自然人和法人）的人格权，会不会导致正常的舆论监督和信息披露变得举步维艰？会不会导致社会公众也因为害怕被诉名誉侵权而不敢对社会问题发表意见？

这实际上体现出：人格权与公共利益在某些情况下可能是冲突的，但是两者又不可偏废，只能在其中寻找平衡。这就是，在一般侵权法的基础上，当案件涉及到公共领域的时候，应用某些规则对私人性质的人格权做出适当的节制。

公众人物

俗话说："名人无隐私。"现在的媒体上充满了各种各样的名人八卦：××和××分手、××"奉子成婚"、××逛夜店被拍到……此类消息将名人的私生活暴露在公众面前。"名人无隐私"这句话，很容易被人们理解成对一种现实状况的描述。

不过，这也不仅仅是一种描述，也是法律上的道理：公众人物享有的名誉权、隐私权和肖像权和普通人是不一样的，说他们不享有人格权当然是错误的，但他们的人格权确实应该受到更多的节制。

链接：公众人物（public figure）

公众人物并无确切定义，它一般指由于职业、地位和成就为公众所知晓的人物，比如政府官员、著名学者和科学家、演艺界人士、商界名人、体育明星、政党和社团精英、王室成员等。也有些学者建议，应该将公众人物进一步区分为"政治公众人物"和"社会公众人物"。前者比如政府官员、政党和社团精英，后者比如体育明星和演艺界人士。

除此之外，还有一种人因为某些特殊的事件而成为"名人"的，比如某个重大案件的受害者或受害者亲属，这类新闻人物被称为"非自愿性公众人物"，他们与前述因自身的职业、地位和成就而形成的"自愿性公众人物"是不一样的。

为什么公众人物的人格权应该受到更多的节制？原因首先在于，公众人物的活动往往对公共领域和公共事务有较大的影响，其中，政治性公众人物的影响尤其大。他们的行为，理应被置于更为严格的媒体监督之下。举例来说，一般人的财产状况当然属于隐私，但政府官员的财产就很难说是隐私了。我国虽然没有相关立法，但1995年中共中央办公厅、国务院办公厅联合发布《关于党政机关县（处）级以上领导干部收入申报的规定》，就明确提出对中国官员的收入实行申报。

另外，公众人物是大众兴趣的焦点，这方面以社会性公众人物尤其是演艺圈和体育明星为代表。媒体将更多的聚光灯投射在他们身上，他们通过媒体成就了名声、地位和财富，因此，对于公众了解他们的愿望以及由此带来的媒体对他们的追捧，他们也应适当地予以宽容。

"国脚"名誉权案[1]

2002年世界杯，中国队与哥斯达黎加队的比赛结束之后，某专业体育报刊登了一篇《某国脚涉嫌赌球》的文章。此文刊出后，据称很多读者认为文中所指国脚是上海球员范志毅，并纷纷打电话到《东方体育日报》编辑部，该报遂于6月16日到20日之间先后刊登了"中哥之战范志毅涉嫌赌球"等4篇系列报道。范志毅认为《东方体育日报》6月16日的报道侵犯了他的名誉权，便委托律师向上海市静安区人民法院提起诉讼。

虽然最终"范志毅赌球"一事查无实据，但法院还是判原告范志毅败诉。判决书写道：即使原告认为争议的报道点名道姓称其涉嫌赌球有损其名誉，但作为公众人物的原告，对媒体在行使正当舆论监督的过程中，可能造成的轻微损害应当予以容忍与理解。这个判例，第一次将"公众人物"理念引入到我国的司法实

〔1〕摘引自萧瀚《公共人物的名誉权与隐私权》，载于福安律师在线网站。

践，具有重要的意义。

公正评论

我们知道，媒体除了报道新闻，也是发表意见的平台。不确切的事实可以伤害名誉权，不恰当的意见也会伤害名誉权。但是，世事复杂，我们在认定是否属于诽谤时只能根据具体情形作出“基本真实”或“基本失实”的判断一样，我们恐怕也难以为意见的恰当与否设置一个放之四海而皆准的判断标准。因此，一个平衡的方式就是，当意见和评论涉及公共领域的事务时，也要适当地向公众的知情权、监督权和批评权倾斜，这也意味着需要对相关的自然人或法人的人格权做出节制。举例说明：

惠康超市搜身案[1]

1991年某日，两位女孩倪×和王×在北京中国国际贸易中心所属惠康超级市场购物时，遭到两名男服务员的无端怀疑，并被迫受到解衣、开包、脱帽的检查。1992年5月，两位姑娘以惠康超级市场侵犯人格、损害名誉为由，向北京市朝阳区法院提起诉讼。随后，北京的多家媒体对此案作了报道。作家吴祖光在看到媒体报道之后，感到很愤怒，于是写了篇题为《高档次事业需要高素质员工》的文章发表在《中华工商时报》上。文章批评国贸中心工作人员“恬不知耻”、“居然说出这样的混账话”、“流露出扎根深远的洋奴意识”等。国贸中心法律顾问致函吴，指责《员工》一文“不仅内容失实、判断错误，并且还使用了辱骂性语

〔1〕《新闻媒体：与名誉侵权过招》，作者：于红，《传媒》，来源：http://media.people.com.cn/GB/22114/70168/70172/4756219.html

言”，并以侵害名誉权为由将吴诉至法院。法院认为，吴的文章，是从不同角度对不尊重顾客的行为所进行的批评，属正当的舆论监督范畴，不构成对国贸中心的名誉权侵害，驳回其诉讼请求。

针对这个案件，有位法学学者说得好，虽然吴祖光的文章确有用词偏激之处，但是这些言辞符合一般公民对于不正当行为的愤慨之情，并关乎公众利益，因此应当被容忍。的确，当人们的权利被严重侵害时，当人们看见丑恶的社会现象时，让他们在批评时还保持着毫无偏见的客观，希望他们“一分为二地看问题”以及措辞时仍然字斟句酌，显然是一个不切实际的要求。因此，对于这类公共事件的评论，只要有现实依据（比如亲身经历或从新闻报道中看到），只要没有实质上的恶意，那么即使言辞有偏激之处，也应该被认为是合理的。这个原则，被称为“公正评论”原则，也称“诚实评论”原则。

合理使用

当人格权遭遇受众知情权

1988年，上海虹口区居民杜某向当地法院提起诉讼，状告民主与法制画报社侵犯其已故家属的肖像权。事件的经过是：原告亲属因工作发生意外死亡，死者单位由于善后工作没有做好，导致家属强占办公室作为灵堂，直接影响到单位的正常办公。民主与法制画报记者用图文的形式予以了报道。原告认为该画报未经过死者亲属同意而拍摄照片，侵犯了死者的肖像权。法院审理后认为，该报道出于舆论监督的需要，是一种“合理使用”，不构成侵犯肖像权，驳回了原告的请求。

肖像权既包含精神权益，也包含财产权益。因此，我国法律规定，在未经本人同意的情况下，不得以营利为目的使用公民的肖像。这同时也意味着，存在着某些情况，可以使用肖像而无须经过肖像权人的同意。这种情形，在法律上称“合理使用”。合理使用的内在依据，也是在私人权益和公共利益之间寻求平衡。

Tips：判断肖像被“合理使用”的标准

在我国各级人民法院使用的供办案人员参考的《立案手册》中，列举了5种无须经过公民本人同意而使用其肖像的情形，它们是：1. 为了维护社会利益的需要而使用他人肖像；2. 为了维护公民本人利益需要而使用该公民的肖像；3. 为了司法活动需要而使用他人肖像；4. 为了时事新闻报道而使用他人肖像；5. 为了科学研究和教学活动的需要而使用他人肖像。

5 网络时代的隐私问题

在信息化社会中，有时候我们不得不“自愿”地泄露个人信息。申请各种社会和商业服务时，总要先登记或说明个人信息。这个过程，一般来说，就是填表格。对此，人们已经司空见惯，不过你是否想过，当我们填的表格汇集到一起，将形成一个庞大的个人信息数据库。也许你会说，这些信息无非是年龄、性别、籍贯等，即便汇集到一起，也没什么用处，这些信息既不能用来为我们谋福利，也不能用来侵害我们。真的是这样吗？

当纸张只是记录信息的载体时，情况可能是这样。长年累月收集一叠叠表格，单单是要读一遍也要经年累月，哪会有人动其他的心思？但是，当计算机技术发展和应用一日千里的时候，情况就发生了变化。我们通过互联网填写个人信息，来自天涯海角的人的信息被汇集到一起；计算机支持的搜索技术和信息统计处理技术，能够在瞬间将数据分析处理，从此个人数据，再不是杂乱无章毫无意义的废纸，它们形成了“数据库”，可以应用于营销、调查，为他人利用。

下面是一种常见的网络信息表格，其中包括了个人基本信息及联系方式，相信你我都填过许多。但旁边的“隐私权声明”，你是否也曾仔细读过？如果提供表格的机构信誉良好，他们会按照“声明”中说的不向外泄露您的个人信息。如果不巧，是那些缺乏诚信的机构，或者遇到电脑系统被黑客入侵，这些信息就面临被他人得知的危险。

因此，这里要提醒大家注意：请慎重对待自己的个人信息！在自愿提供个人信息的时候，请别忘记浏览隐私权声明，审查一下要求你提供信息机构的信誉，再点击提交的按钮。一旦你自愿提供，或者同意对方使用你的信息，对方就不构成侵犯隐私权行为，而可以免责。

隐私权声明（样本）

对于浏览××××银行××市分行网站的任何人，本行均尊重其隐私权。本隐私政策涵盖××××银行××市分行将可能收集的用户个人资料，以及本行将如何使用该项资料。

除个人自愿提供外，××××银行××市分行将不会通过本行的网站向任何人收集任何足以使他人辨识的身份资料（如：您的姓名、地址、电话号码或电邮地址）。

当您向本行提供了您的个人资料后，除另行说明外，本行可按以下方式使用该项资料：我们可能会储存并处理该项资料使本行更能明白您的需要，有助本行改进我们的产品和服务；本行可能使用该项资料与您联系；和/或我们可能向其他第三方提供有关浏览或使用本行网站的整体非个人资料。本行不会亦无意向第三方出售、出租或推销您的个人资料。

谨慎对待自己的个人信息的同时，也应该善待他人的个人信息。通过某些途径（如交换名片），我们可能会接触到他人的一些个人信息。他人把其个人信息交给我们使用和保管，这是一种信任。我们也同样有对他人的个人信

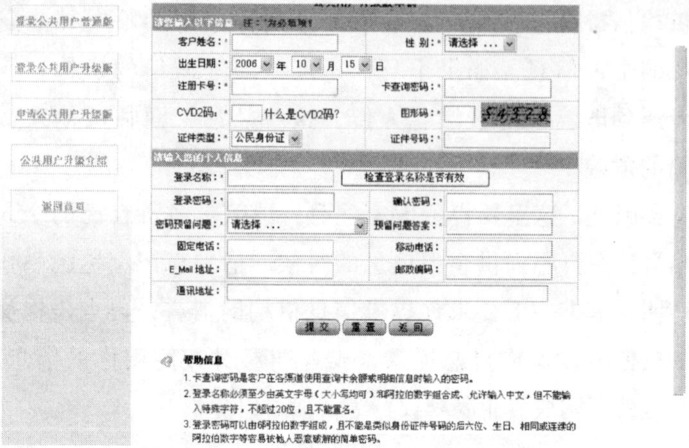

图：在线填写个人信息的样本

息进行保护以及不散播的义务。下面这样的做法，是值得商榷的。

名片网私曝个人信息　涉嫌侵犯隐私权[1]

输入某个人的名字，你就可能得到他的手机、办公电话、地址、电邮等个人信息。目前，一个名为“名片网”的网站正在悄然流行。据介绍，该网站的月点击率在500万次左右，收录了200万张以上的个人名片供网友免费查询，条件是“上传一张名片可查阅两张名片”，网站负责人认为这种“滚雪球”的方式将会使“商务沟通零距离”，但法律专家则明确指出此举实为侵犯个人隐私。

名片网号称是中国最大的商务名片库，名片信息来自网友的上传。只要注册成为名片网的会员，就已获取了50点的积分，查看一张名片需要5点积分，并且如果上传1张还可免费换取2张。

〔1〕《名片网私曝个人信息　涉嫌侵犯隐私权》，作者：姜葳，《新闻晨报》，2006年8月15日。

网站就是以号召网友自由上传手中掌握的名片信息，并通过获取积分点数的方式来免费获得其他会员上传的名片，从而达到商务交流的目的，目前是全部免费。

此外公司还通过自己的人脉获取信息。名片网媒体经理部小姐介绍，除了网友上传，网站的工作人员也会“通过个人渠道”获得名片信息，但涉及商业机密不便透露。

北京岳成律师事务所的林律师认为，名片网在未经本人同意的情况下便将他人手机等个人信息在网上公布，是侵犯了《民法》中规定的个人隐私权。他表示，即使网站是免费开放，而不是以通过信息查询盈利，“但网站运营毕竟是有费用的，而且与个人求职公布手机号不同，就属于泄露个人隐私”。

小 结

大众传媒给我们提供服务的同时，也可能给我们带来伤害。从法律上说，最常见的就是对公民和法人的人格权侵害，比如：因为不确切的负面报道损害了当事人的名誉权，因为过多的信息披露损害了当事人的隐私权，以及未经许可地使用照片而侵害了当事人的肖像权。在法理上，确定媒体是否构成侵权有一系列的条件，了解这些条件有助于我们保护自己的正当权益，也有助于媒体在报道中防治滥用新闻自由。

此外，判定媒体侵权时需要综合考虑其他因素，这是为了在公共利益和公民权益之间保持恰当的平衡，典型的例子便是，公众人物的名誉权需要受到更多的节制。近年来，随着网络的兴起，网络传播中的隐私权问题成为热点，但这方面尚未有完善的法律规定，因此需要谨慎地对待互联网中个人信息的发布和传播。

第十章

如何与媒体打交道

读到这里，你一定已经充分意识到，大众传媒对我们工作、学习和生活有多么重要的影响，它如同阳光、空气和水，每时每刻且无处不在地渗透到我们的生活中。面对媒体，我们不只是被动的信息接受者，也可能是主动的信息制造者、分享者、传播者；我们不只是旁观者，也可能接受媒体采访、被媒体侵犯权利、试图借助媒体来维权……无论主动或被动，都可能要跟媒体打交道。倘若你渴望成名或者已经成名，那么，为保持知名度和关注度，与媒体的关系更是彼此需要、密不可分。

想想看，如果你是普通人，会通过哪些形式跟媒体打交道呢？也许就是下列情形中的一种或几种：

你去展览馆看书展，人潮拥挤、川流不息，你走累了、蹲下来，休息一会儿，第二天打开报纸，发现你上了头版的图片，图片说明是“××书展昨日开幕，参观者云集”，不经意中你成了报道中的“无名英雄”。

你带着孩子到人民广场附近玩耍，打开摄像机想把她放风筝的镜头拍下来，没想到，对面大楼楼顶突然出现个人影，原来是有个年轻女子想不开要自杀，你感到很好奇，就把镜头转向她，最后，警察在她要跳的刹那拉住了她，女子得以解救。一切都进了你的镜头。晚上，电视台新闻中用了你的画面，还打上“市民×××拍摄”的字样，你体验了一把当“记者”的滋味。

你们小区附近要修建一个化工厂，你听说可能会对空气有污染，担心由此影响你孩子的健康，于是你想着要多动员点社区居民一起跟有关部门交涉。最开始，你印了些传单，在小区门口发给大家，之后开始用 QQ 群或 MSN 群沟通，但是效果不理想。于是，你想到找媒体求助，请记者来报道，希望把事情“搞大点”。很快，记者纷至沓来，一不小心，你变成了临时的“新闻发言人”，成了报道中“权威消息源”。

你在企业或政府部门的办公室工作，领导看你平常爱写文章，就让你负责写写单位的“宣传稿”，于是你兼职成了媒体的“通讯员”，需要动脑筋、找线索、写报道。如果你们单位有份“内刊”，你也许还被任命为“主编”，像模像样地干起新闻活，没多久，你俨然成了半个“新闻工作者”或者“准主编”。

你口才好、形象佳，反应灵敏，爱跟人打交道，在单位市场部或公关部工作，跟媒体和记者打交道本来就是你的“本职工作”，于是，单位一有大事，记者来采访，你就必须出来“说话”。万一碰到危机，事情闹大了，你作为“新闻发言人”，还需要召开新闻发布会或者记者通气会，尽管肚子里有不少委屈，你还得强带笑容、镇定自若地接受采访。

你在政府部门当公务员，工作表现不错，有提升机会。最近，你参加了领导干部的选拔聘任，通过笔试、面试和组织考察，最后一个环节被通知要上电视演讲。当着这么多人的面演讲，本来就令人紧张，现在还要电视直播，让广大观众看看你的表现，于是，你赶紧找在大学新闻学院当老师的同学取经。经过充分准备，你的电视演讲很成功，那一刻，你把自己想象成美国总统奥巴马，你就是万众瞩目的“电视明星”……

瞧，我们在日常的学习、工作和生活中，是多么容易跟媒体发生关系、跟记者打交道。既然惹不起也躲不起，为什么不掌握一些媒体沟通原理、技巧和经验呢？如果你能够善解、善待和善用媒体，一定能够让你的媒体亮相更精彩，让你在跟媒体打交道时少点愤怒、多点平静，少些遗憾、多些自信。

1 善解：把握媒体采访报道的规律

判断新闻价值大小的“标准”

通常说来，无论是个人或者组织，在和媒体打交道的时候，总希望媒体报道自己光鲜的一面，对不那么好的事情，则希望掩盖掉。但正所谓“好事不出门，坏事传千里”，负面消息总会得到更多的关注；反过来说，要想把好消息通过媒体“广而告之”，多少会带点“做广告”的嫌疑，这比发布坏消息要难得多。

我们有必要搞清楚的是，为什么媒体会来采访我们？概括地说，因为我们或者我们参与的、知道的事有“新闻价值”。新闻界有个说法，把记者新闻敏感称作“新闻鼻”，指记者具有判断新闻价值的能力——他们会凭借着自己敏感的职业性的鼻子，“嗅”到新闻在哪里，从而找到我们进行采访。

如何判断这个人、那个事是否有报道的意义？前面，我们曾提到新闻强调真实，还要“新近”发生和“新鲜”有趣，这只是简单的说法。细致分析起来，记者判断新闻要不自觉地运用到“新闻价值”，它是反映新闻对公众来说具有多大意义的一套标准。新闻人和新闻研究者们经过多年实践和总结，提出了一些相对稳定的普遍标准。这套判断新闻是否值得做、做大还是做小的“标准”至少包括：

1. 重要性：一件事涉及到的人群或资源越多，造成的影响越大，这样的事就越重要，关注它的读者也就越多。比如，同样是地震或者矿难，理论上，伤亡越多、损失越惨重的灾难，越具有重要性。

2. 显著性：它与“重要性”不属于同一个含义，而主要和“名望”有关。一件事，如果与著名的人物、机构、地点以及其他任何有名的东西关联在一起，那么它所受到的关注程度就可能越大。某国总统的自杀，肯定比普通百姓的自杀更具有显著性，因为关注他的人可不只是亲朋好友，而是全国公众乃至全世界。

3. 接近性：一件事如果与读者比较“接近”，那么它受到关注的可能性也就越大。它既可以是“地理上”的接近，如本地发生的重大犯罪案件，比异国他乡发生的类似案件更引人瞩目；也可以是“心理上”的接近性，当事件和读者在心理上有比较密切的关联的时候，那么它也容易受到关注。比如，尽管冬奥会在加拿大比赛，离你地理距离很远，但因为你关心和热爱体育，你心理上与它的距离就很近。

4. 反常性：当一件事情违反常态时，它通常具有很高的新闻价值。虽然不少人批评媒体的猎奇做法，但这种行为长盛不衰恰恰从反面证明了反常的事确实对读者具有很强烈的吸引力。比如，一位妇女生了四胞胎，某个地方夏季下了场雪，有人在地震后埋在废墟里 20 多天竟然能够存活……这些都是令人称奇的事情，自然能够吸引不少人的关注。

5. 负面性：这个标准在实际运用中有点“中外有别”。

中国媒体由于长期的体制原因和宣传传统，过去更强调正面宣传为主，多报道正面事实。而西方新闻界有句名言："Bad news is good news.（坏消息是好新闻。）"实际上，人们对破坏性的负面事实和现象，有着普遍关注的心理特征。为什么人们热衷于寻求反常的和负面的消息呢？一种心理学的解释是，这是人类保存在无意识中的寻求安全感的天性使然。

6. 趣味性以及人情味：人们阅读新闻，不仅仅是为了获取信息，也会从中寻找"软性"的东西，以获得放松和调节身心，比如有趣的见闻、人情冷暖、名人逸事等。

列举了这么多"新闻价值"的标准，无非是想说，记者来采访我们，肯定是因为我们身上或者我们遭遇的事情，具有某方面的新闻价值。若是想和媒体有成功的沟通，就需要在他们来之前想清楚：记者的来意为何？他关注的是什么？他想得到的是什么？只有在大致判断、准确预测记者需求的基础上，我们才可以作出相应的准备和决策——该如何与记者沟通。这是我们与媒体成功打交道的基本前提。

反过来看，如果你想通过媒体把自己或所在单位的信息传播出去，想做更多的"宣传"，你也同样需要考虑这些"新闻价值"，拿这些标准来衡量下媒体的报道兴趣有多大。如果一件事或者一个人，满足新闻价值的要素越多，显然它吸引记者来报道的可能性就越大。

了解新闻报道的生产特点

其实，不少跟媒体打过交道的官员或老百姓，对记者或媒体的印象似乎并不好，有些甚至因为吃过亏而很生气，心中存有不满或抱怨。那么，我们不妨先把这些意见归纳和罗列出来，然后请记者来逐个“回应”下，给他们一个自我辩解的机会，你来听听是否有道理。这种换位思考和互动交流，会有利于你快速了解新闻报道的生产规律。

1. 记者是麻烦制造者。不少官员或领导习惯性抱怨，记者有“逐臭之癖”，平时我们做了不少好事情，工作取得不少好成绩，没见你们来采访报道，怎么一出点事情、有点问题，你们就上门来找麻烦呢？对此，记者会如此回应：是你或者你们单位先做错事，我们才上门采访的，所以，你是“麻烦制造者”，媒体只是“麻烦报道者”而已。所以，你先别急着骂记者，而应该首先反省你们的工作失误。

2. 记者的报道不全面。一个事件往往有不少复杂的背景，当事人或许还有千丝万缕的关系，但记者却不把事情搞明白、把背景调查清楚就作了报道，往往只知其一，不知其二。比如2007年12月云南某报发文称，某县林业局用油漆涂绿荒山，工程耗资47万元。“六七名工人整整喷了40多天，喷完的油漆桶都拉走了一车，这些钱用来买树苗搞绿化，可以栽满几座山了！”实际情况却是一位私人老板出于“风水”考虑，花了上万元找人将红石头涂成了绿色。

“云南富民县油漆涂山”追踪[1]

本报讯 云南富民县农林局对老首山山体实施喷漆“绿化”的新闻引起了广泛关注。13日，富民县委宣传部向记者出具调查报告，称油漆涂山是一私营企业主的私人行为，目的是为改变

[1] 《“云南富民县油漆涂山”追踪》，《海峡都市报》，2007年2月15日。

风水。

报告称，老首山采石场由于对当地生态造成严重破坏，2000年被富民县政府关闭。采石场被封停后，当地群众多次到县有关部门要求对采石场进行绿化，恢复植被。县林业部门也曾在那里栽种了雪松和圣诞树，并聘请专门的护林员进行管护，但绿化效果不明显。2006年7月，富民县一私营企业主在向县林业主管部门报告后，组织人员用油漆对采石场里面裸露的岩石进行了喷涂，在绿化工作尚未取得全面成功之前，暂时起到了美化效果。

富民县农林局副局长杨正明昨日接受采访时说，将裸露的岩石涂成绿色的老板姓杜，四川人，在当地做上门女婿，是该采石场的承包人。去年7月，他曾经口头向农林局的有关领导表示“要将那里的岩石涂成绿色”，由于岩石属于非林用地，农林局管不了，所以就答复他：“你要涂是你的事，我们管不着。”

杜老板昨日通过电话向记者称涂山确是他所为。因为他的房子在采石场对面。最近几年他一直不顺，风水先生说是采石场裸露的红石头“冲”了他家的风水，于是，他花上万元找人将红石头涂成了绿色。

记者的报道的确“粗糙”了点，没把事实调查清楚，但如果你做一天记者，就会明白，他们每天主要在生产“快餐”，而非“精品”。新闻的新鲜性、时效性，往往要求他们第一时间对新闻作出反应，只用几个小时就捕捉到基本事实，然后快速写稿、发稿、见报。“萝卜快了不洗泥”，要把事实尤其细节都搞清楚再写稿，编辑部往往等不及，因此，我们每天看到的新闻多数都是“快餐品”。尽管新闻教育中反复告诫报道要全面、客观、准确，实际上，全面对日常的动态新闻来说真是奢望的要求。

3. 记者的报道太煽情。每天打开报纸或网站，总能看到“血泪史”、“控诉”、“畸形”、“疯狂”等词语，如果你不幸成了社会新闻、八卦新闻的当事人，更会对报道中的大量形容词深表不满。

比如，某所大学新闻学院成立“儿童与网络实验室”，倡导家长与孩子之间订立“契约”来理性上网，结果第二天此消息见报，两家都市报不约而同地用了《不扎针不电击 “阳光疗法”治网瘾》的标题。其实，很多时候，记者之所以避重就轻、剑走偏锋，过于注重“眼球效应”，是出于市场导向的生产机制所迫——多数报纸不靠行政订阅，而靠市场零售，标题越惊悚、报道越煽情，越能够吸引读者、刺激读者的购买欲。读者爱看，市场买账，这可是现实的竞争规则。

4. 记者喜欢到处乱问。不少官员碰到“麻烦事”，迫不得已地接受了记者的采访，第二天翻报纸一看很生气，因为记者没有把他说的话“照章全录”，而是有所选择。同时，在报道中援引了不少群众和专家的观点，这些意见听起来比较“刺耳”，于是很生气：记者怎么总习惯到处乱打听？为什么不相信我的权威意见呢？

对此，记者自有辩驳的理由：一、我问了你10个问题，你全部回答了吗？没有，你只回答了对你有利的问题，“敏感”问题却避而不答，我需要的报道事实不够啊；二、新闻报道有个“平衡”规则，即报道有冲突、争议的事件，不能只站在一方的立场，而应该尽量听到“不同的声音”，以免偏听偏信。由此，除了传达政府和官员的立场外，群众的声音（即便是质疑之声，哪怕是情绪化的观点）也要，第三方的观点（专家的评价）也要。

Tips：把握媒体报道动机的“要点”

1 在媒体这个舞台上你是怎样的一个演员，由你来决定。

2. 媒体虽然不能改变事实，但可以放大你的优点，缩小你的缺点。

3. 媒体的基本动机和目的：采访到它需要采访的对象，身体的出现或者语言的出现。

4. 为了最大限度地满足受众，媒体需要从采访对象那里获得最新、最多的信息。

5. 从媒体的定位来划分，媒体的动机和目的可归纳为：A. 追求社会效益最大化。B. 追求社会效益和经济效益双重最大化。C. 追求经济效益的最大化。

6. 媒体关注的重点对象：政治高官，体育和娱乐界明星，政府部门新闻发言人，政府的决策和职能部门，专家、学者及社会知名人士。

（来源：李仁虎，《如何与媒体打交道》，新华出版社，2005 年，P1）

经过上述四个方面的“交锋”，你若站在记者和媒体的角度考虑问题，就会对新闻报道多点宽容，少点苛责。实际上，我们的新闻报道远未到理想的状态，存在诸多问题，有些是体制性的，有些则由媒体和记者自身所造成。概言之，新闻报道的生产特点至少包括：

——媒体的基本使命是快速地报道新鲜的事实，出于对“时效”的追求，多数时候，他们在生产“信息快餐”，而无法对新闻进行深加工。Deadline（截稿时间）是非常紧迫的硬性要求，记者为此承受着相当大的压力。

——与正面题材相比，媒体更关注反常的、负面的、令人惊奇的“坏消息”，因为后者更能吸引受众的普遍关注，激发人们的同情心和好奇心。媒体对利润的追求，有时候使它不惜违背职业道德准则，把新闻做得“耸人听闻”。

——媒体需要你的时候，就会来找你，追逐你，不需要你的时候就会冷落你，如果你想让媒体完全听命于你，只做你的“传声筒”，那是不切实际的。你要摆平心态，别指望它对你只说好话。

——记者的报道动机，往往不是由他个人的兴趣爱好决定的，而是由所在媒体的内容和格调所决定的。每个媒体都有一套独特的编辑方针，指导着记者日常报道的方向和风格。相对来说，党报比较严肃大气，却难免古板；都市报比较活泼生动，却过于煽情。

——如果你是“小人物”，被媒体报道的几率相对较小，即便报道了，很可能传播出来的是“刻板印象”，而非你理想中的自己。如果你是“大人物”，那么除了接受媒体的赞扬之外，你更需要有平和的心态来面对媒体的批评和质疑，这是你成名的必要代价。

——按照专业的要求，新闻报道必须真实、准确、客观、全面，但实际上，却远远做不到这点。而且，报道即使错了，产生了坏的影响，媒体在不起眼位置发个“更正”就能了事。今天我们面临的考验不仅在于，媒体如何监督政府，还有谁来监督媒体的问题。

把握新闻业基本现状及自我心态

改革开放以前的中国媒体，主要使命是“宣传者”，以宣传党和政府的方针政策为主，发挥着鼓吹者、动员者的单一功能。改革开放以后，媒体的功能逐渐多元化，逐步恢复到以信息传播为本位，正面宣传、舆论监督、娱乐大众等多元功能并存的局面。

有人曾用“控制”、“改变”、“喧嚣”三个词来概括当下的中国媒体。控制，指其总体上仍处于行政权力的有效管理中；改变，指其运行机制和报道形态有巨大变革；喧嚣，指其内容管理上混杂无序、乱相丛生。要跟媒体打交道，必须要对中国新闻业的基本现状有大致判断：

1. 复杂控制：今天，影响和控制媒体新闻报道的因素，不再是单一的行政控制（来自宣传管理部门和各级行政部门），还有商业利益（在市场竞争中获取利润）、公众需要（满足公众的信息及利益需要）和专业追求（实践新闻人的专业精神、追求新闻理想的自我实现）。

2. 国有产权：总体上，媒体按照“事业属性、企业化运作”的机制来运作，既要考虑社会效益又要追求经济效益，既有政治属性又有商业属性。在新闻报道过程中，媒体需要兼顾政府、市场、受众等多种利益需要。

3. 类型差异：媒体的类型和定位差异化、多元化，仅以报业为例，按照定位来分，就有党报、都市报、晚报、行业报、精英报等多种；按照行政级别来分，又有中央级报纸、省市级报纸、县级报纸或社区报等。相对来说，像《解放日报》这样的党报严肃高雅，以正面报道为主，比较服从宣传部门的管理；如《南方都市报》这样的都市报贴近市民、贴近生活，为赚眼球不时有大量低俗报道；《南方周末》这样的精英报，新闻报道的自主性、独立性比较强，要干预和控制其内容比较难。

4. 功能多元：不同报纸有不同定位和分工，同一报纸也需要兼顾不同的社会功能，总体上看，《人民日报》、中央电视台《新闻联播》等依然以“宣传”功能为主导，《财经》、《中国新闻周刊》等则以“舆论监督”为主攻方向，《21世纪经济报道》主要服务于投资者，《南都周刊·娱乐》主要以娱乐消遣为目标。即便同一报刊，一般也要兼顾监督、娱乐、服务、宣传等多种功能。

基于上述对新闻业基本生态的分析，你在跟媒体打交道的时候，需要学会辨析不同媒体的不同定位、风格和功能取向，能够区别对待，在把握其报道特点的基础上有的放矢。过去，不少官员都有“防火、防盗、防记者”的心态，抗拒跟记者打交道，实际上，带着这种敌视心态，只会让你和媒体的关系越发紧张。怎样才是相对理性的心态呢？我们的建议是：

——消除敌对情绪，避免直接冲突。如国务院新闻办原主任赵启正所言，“记者，不是你的朋友，也不是你的敌人；不是你的上级，也不是你的下级；记者，永远是你的挑战者！”

——给予理解尊重，理性对待监督。其实，记者和你一样，都是在工作中寻求帮助的人。你不是在与敌人、某个你必须打败的人打交道，而是在与另一个人、与你一样希望得到礼貌和尊重的人打交道。因此，既不要高高在上，也不必卑躬屈膝，既不要因为怕记者而过于畏惧，也不要感觉你在施舍信息给记者，只要怀着体谅之心，尽可能地配合记者采访，满足他们的发稿要求即可。

——牢记组织使命，保持理性期待。跟记者打交道时，如果你代表个人，可以比较自由和放松；如果你代表组织，则需要牢记你的工作使命，适度保持“紧张”。此外，不要对报道效果给予过高期望，好的新闻报道往往是平衡的，会兼顾不同立场，不会“一边倒”只替你说好话，看到报道中有质疑你的成分，或者有轻微失实，你应该有所容忍和宽容。

如何理性看待成名的利弊

大众传媒的一个重要功能是“赋予地位”和“制造公众人物”。经常与媒体打交道，经常在媒体上“露脸”，可能会让你成为名人。对于“成名”，人们的看法往往不一致。俗话说“人怕出名猪怕壮”，张爱玲又说“出名要趁早”。有人拼命制造事件以引起媒体关注，为的是增加曝光率，也有人拼命躲着媒体，不希望整天生活在闪光灯下。甚至，这两种心态同时发生在同一个人身上——就像冯小刚电影《甲方乙方》里面的那个女明星，大红大紫的时候拼命想要逃离媒体和大众的关注，但当媒体和公众真的把她遗忘后，却又失落不已，强烈地想再次成为名人。对此，我们有必要把成名的利弊做简要分析。

作为社会性的动物，人需要他者的关注和承认，名望本身就是一种重要的社会资源和社会利益。同时，名望还能带来好处，在这个眼球经济时代，名望尤其能带来物质上的好处。歌坛实力唱将老狼，觉得成名对他的影响十分大，最大的好处是利，赚得比普通人多；此外还有生活细节上的好处，比如车被交警拦下，由于自己是名人，会处理得“恰到好处”；在饭馆吃饭，由于自己是名人，老板就会特热情。

当然，成名未必只有好处，也有麻烦。名人的一举一动都是大众关注的兴趣所在，他的个人空间就会十分有限。公众兴趣之所在，也是媒体闪光灯要捕捉的东西，因此，名人的生活很难像普通人那样风平浪静，他们所承受的精神压力往往较普通人大，加上“名人无隐私”，他们的隐私也不会像普通人那样有比较严格的法律保护。歌手孙悦曾这样描述成名前后的变化：“成名前可能心劲很足，一定要成名；成名以后，我就觉得有时候是站着说话不腰痛，因为你没有自由，没有时间，这一切都是为了工作，为了歌迷。成名带给我的好处很多，痛苦也很多，以前像孩子一样，现在说是腕就是腕，付出的太多太多。”

汤加丽：成名后的精神压力

被称为“中国人体艺术署名第一人”的汤加丽，她的出名源自国内首部个人人体艺术写真集《汤加丽人体艺术写真》。这位曾获省运会体操金牌的女孩1976年出生于安徽合肥，毕业于北京舞蹈学院，现效力于东方歌舞团。汤加丽因以艺人身份出版了个人裸体写真集，大胆挑战“全裸尺度”，不仅在网上掀起轩然大波，而且引起全国媒体的关注。此后，又因该书的摄影者对该书的出版以及一些相关细节表示不满，且又将其诉诸了法律，再加之双方最终互有赢输的结果，致使此事成为了当时内地演艺圈中颇为醒目的焦点。为此，汤加丽不得不暂时告别舞台，但她依旧没摆脱成名以来一系列的麻烦，比如有剧组借她的名号“汤加丽全裸出演”来宣传推广。接受记者采访时，汤加丽直言：我很难再重返舞台了，和观众面对面的演出形式我还是不敢，对我来说，精神上的折磨比肉体上的折磨更可怕。（来源：综合媒体报道）

2 善待：如何进行危机传播

按照社会学家贝克的“风险社会理论”，现代社会也是风险社会，危机无处不在。对个人、政府、企业乃至国家，由于行为不善、决策失误或体制漏洞等各种原因，都可能导致危机的发生。

网络社会的崛起和公民监督的兴起，使危机的传播速度更快、范围更广，普通公众对政府官员的监督也更加便捷，危机的爆发更具有不可控的因素。2008 年 11 月 26 日，一名 IT 技术蓝领在上海地铁二号线拾到一个环保购物袋，发现袋里装着江西及浙江某地有关部门出国考察的详细票据。帖主将这些文件拍了下来，在网上贴出 37 张照片，包括相关官员的姓名、职务、护照号、行程、旅行社报价确认单等都被曝光，由此引发了相关部门的介入调查和处置。可见，网络（论坛、博客、人肉搜索等）给公众意见表达、参与调查、批评监督提供了开放的平台，危机传播的速度更快、控制更难，更易积聚情绪、引发舆论。

发生危机后，媒体可能会快速介入，记者可能会纷至沓来，如果不立即采取措施加以应对，很可能会导致危机扩散，甚至朝着恶性方向发展。如果在接待记者时说错话，可能会产生歧义和误解，惹出更大麻烦。怎样在危机发生时，心怀善意地对待媒体，成功运用媒体来化解危机，下面我们来逐步介绍。

危机的定义、类型及其特点

所谓危机，就是“突然变迁并且产生压力的情境或事件”，危机多是突发事件——意外地突然发生的重大或敏感事件。国务院2006年1月8日发布的《国家突发公共事件总体应急预案》中，将“突发公共事件”定义为突然发生，造成或者可能造成重大人员伤亡、财产损失、生态环境破坏和严重社会危害，危及公共安全的紧急事件。

通俗地说，危机就是“天灾人祸”，天灾指自然灾害，人祸指人为制造的危机。从类型上划分，危机包括三类：一、瞬间发生型危机，如火灾、爆炸、抢劫、枪击等；二、自然灾害型危机，如洪水、雷击、地震等；三、积聚型危机，如腐败、污染、种族歧视、民族纠纷等。此类危机的发生往往“冰冻三尺，非一日之寒”，一旦发生后很难在短期内解决，造成的危害也往往最严重。

总体来说，危机具有六大特点：①不可预测性。如果能够被预测，就不是危机。②会影响组织或个人声誉。危机既然发生，难免会影响当事人及其所在单位的形象。③需要立即决策。不能有片刻耽误，必须要第一时间来面对和处置。④无法用正常程序来解决。必须根据专门的危机预案来处置。⑤存在转机的潜在可能。危机不全是坏事情，处理好了，也有转机，甚至能够“坏事变好事”。

危机公关的错误方式及基本原则

2008年3月31日，东航云南分公司从昆明飞往大理、丽江、西双版纳、芒市、思茅和临沧六地的18个航班集体返航。返航事件发生后，东航公司出来"辟谣"，声称是因为天气原因，受到公众和媒体质疑，直至4月7日，东航才首次公开承认存在人为因素，当事人已遭调查，后经媒体披露，原来与民航领域里鲜为人知的劳资纠纷有关。针对这次事件，东航公司的危机处置至少犯了三点错误：一、没有说实话，简单否认人为因素，将危机发生的原因归结于天气；二、给云南民航安监办写信说明情况，视高层沟通、行业公关比与公众和当事人的沟通更加重要；三、内部成立"舆情控制小组"，号召员工抵制媒体采访。[1]

链接：危机公关常见的错误处理方式

1. 对负面舆论不屑一顾，懒得回应。

2. 简单否认了事。

3. 封堵、遮掩，通过各种手段阻止记者报道。

4. 采取鸵鸟政策，躲起来回避媒体，或者想蒙混过关。

5. 推卸责任。指责他人和消费者，使本来可能化解的危机不断地升温。

6. 与媒体对抗，发生冲突。

关于危机公关错误处理的原因，有研究者将其概括为

〔1〕《东航返航事件来龙去脉》，《南方周末》，2008年4月17日。

几个方面[1]：1. 认识上有误区：担心危机公开后会造成公众恐慌，影响社会稳定，或者认为危机原因还在调查中，难以说清或害怕说错，或者有“家丑不可外扬”的思想在作怪，认为没必要向公众解释或让公众知道；2. 错误的指导思想在发生作用：迷信“谣言不攻自破”，“身正不怕影子斜”等说法，或者迷信“后发制人”；3. 心存侥幸心理，以为我不说，别人也许就会不知道，媒体也不会炒作；4. 新闻发布机制不健全，很多部门没有建立新闻发布机制，出现该说话而无人出来说话；5. 缺乏媒体应对的经验和技巧等。

那么，危机发生后的媒体应对，到底应该遵循什么样的基本原则呢？简言之，就是五个字：及时讲真话，或者更准确说是，第一时间把可以说的真话说出去。危机既然发生，你已经无法改变事实，但你可以改变的是公众对你的态度。真诚而积极跟媒体沟通，不仅可能使你获得记者和公众的体谅，甚至可能让他们由此而更增加对你的同情和钦佩。“及时讲真话”原则，又可具体细分为四点：

1. 快速：先发制人。危机发生后，应该遵循“24 小时黄金原则”，第一时间及早发布消息。一般来说，危机发生后，会有短时间的信息真空，当事人或公众都因无法获悉相关情况而感到迷惘、担心、惶惑甚至恐惧，这个时候谁及早发布消息谁就能掌握舆论主动权。英国专家里杰斯特称之为“填补信息真空策略”。事实证明，在网络时代，想要彻底封锁消息几乎不再可能，如果不“先发制人”，既会导致谣言扩散，又会失信于民，你不主动，就会被动，你

[1]《如何面对媒体：政府和企业新闻发言人实用手册》，作者：邹建华，复旦大学出版社，2006年10月，P9—11。

不讲话，自然有人会讲话。

2. 公开：坦诚透明。俗话说，谣言止于公开。危机发生后，各种传闻、谣言极易扩散，如果不坚持信息透明原则，而对事实加以掩盖，很可能导致社会、人心不稳，或者让谣言先入为主地进入公众的大脑，事后要再改变他们的误解将更加困难。2003 年“非典”发生初期，有关部门瞒报感染的真实情况，既影响了疫情的有效监控，也对中国的国际形象造成负面影响。

3. 针对：有的放矢。危机发生后，要时刻牢记，公关的主要对象是当事人、公众及媒体，而不是上级领导。不少官员出于“官本位”的意识，以为发生危机后，最重要的是向领导汇报和请示，其实，这是本末倒置的做法。危机公关的“针对性”，强调的就是对当事人和媒体、公众的沟通。

4. 统一：口径一致。危机发生后，如果你们单位各部门各说各话，肯定有前后不一致的地方，由此可能导致漏洞和误解。因此，必须要控制好对外信息发布源，由政府或企业新闻发言人统一接待记者，保持立场统一、口径统一。

危机公关的策略及技巧

危机时跟媒体打交道，怎样在“善待”基础上成功应对，我们将相关的策略和技巧总结如下：

——及时监测舆情。平时应该建立舆情监测机制，危机发生后，及时登记记者的采访情况，跟踪媒体报道和舆情动态，针对媒体报道中提出的质疑或者公众关注的敏感焦点问题，及时进行有针对性的回应和澄清。

——动态发布事实。网络时代，任何危机都可能在短时间里扩散和传播，如果不及时发布事实、表达态度，而等到危机结束后才统一发布，那肯定“为时已晚”。目前，通行的做法是变“总结发布”为“动态发布”，边掌握事实、边进行发布，这样才能有节奏地澄清误解、传播真相，有节奏地把握危机传播的主动权。

——信息先后原则。危机传播过程中，要灵活掌握信息公开的侧重点，一般来说，危机发生初期，如果尚未掌握基本事实，而记者已经上门采访，可适当表达“将尽最大努力进行抢救，避免危机扩大”的积极态度；如果已经采取行动、调配人力，则可以简要介绍目前的救援措施。一般来说，对外发布信息时，要坚持“先发布事实、后发布原因；多发布事实、少发布意见”的基本原则。

——避免随意猜测。危机的发生和发展往往比较复杂，即便是专家也很难对危机的走势有百分百的把握，因而，接受采访或进行发布时，要避免对危机的趋势和可能造成的损失进行“猜测”。当记者问到“请您预测下会有多少伤亡”、“相关责任人会因此而引咎辞职吗”之类的问题时，要尽量避免主观臆断的回答。

王岐山接受《面对面》专访

【对话】王志：有人很形象地把北京今年的春天，比作一个戴口罩的春天，夏天也快要来了，这口罩还会延续吗？

王岐山：我不是说咱们现在不做那种预测吗？

王志：但是我们很想知道。

王岐山：那你就且听下回分解吧。

【点评】2003年4月30日，CCTV《面对面》主持人王志专访北京市代市长王岐山，关于“非典”何时能得到遏制的问题，王岐山始终遵循“不做预测”的危机传播原则，“我不是说咱们现在不做那种预测吗”，他没有给记者以确切的答复。而且，他还通过“且听下回分解吧”的幽默回答，果断结束了专访，将时间控制在事先约定的范围内。

——注意情绪控制。如果危机已经造成人员伤亡，那么，在新闻发布会过程中，作为新闻发言人的你，应该对受害者或当事人表示关心和体恤，充满感情和人情味的表达与冷冰冰的表达一定会有不同的效果。如果危机正在进行甚至还在扩散，公众可能会十分紧张，这个时候你更需要拿出“大将风度”，保持冷静和镇定，应该以平常风格来进行发布，否则的话，你的紧张无比会加重公众的压力和负担。危机公关过程中，要始终对记者保持耐心和真诚，不仅不能发脾气，还要给予尊重和支持，哪怕有些记者在采访中流露的态度存有敌意。

链接：国家环保总局副局长潘岳的观点

“现代社会利益主体多元化，必然会有多种意见和观点出现。政府和媒体在反映意见和观点的时候出现不一致是正常的，我多次被媒体在某些细节上‘修理’或‘误会’过，政府官员要有点承受力。”

（来源：《中国青年报》2007年04月28日）

——委婉谢绝原则。跟媒体打交道，最忌讳说的一句话就是“无可奉告”，因为它特别容易拒人以千里之外，影响你和记者的关系。其实，你有无数种表达方式来婉言谢绝，用不着这么强硬和冰冷。比如，“我没有新的东西可以补充”、“这个问题涉及到的事实，我们还需要研究”、“目前，对此我没有什么评论”等，这些都要比“无可奉告”好。

巧用“搭桥法”回避敏感问题[1]

【对话】记者：据报道，俄于17日发射两枚导弹，俄海军表示此举针对美国的NMD计划。你对此有何评论？

孙玉玺：关于俄导弹试验的具体情况，我并不清楚。需要指出的是，美国企图修改反导条约，发展NMD，其直接后果是破坏战备稳定，并可能引发新一轮军备竞赛，最终结果是损人不利己。

【点评】面对记者所提的敏感问题，发言人孙玉玺使用了“搭桥法”，以“……我并不清楚。需要指出的是……”为过渡，巧妙回避了记者所提的敏感问题，表达出我方对相关问题的一贯立场。这种回答，既避免了对俄罗斯方面的举动直接发表评论，又批评了美国，并表明即使俄罗斯发射了核导弹也是美的行为造成的。在这里，发言人通过“搭桥法”的运用，达到了“进攻性回避”的目的。

【类似的案例】外国记者问外交部发言人姜瑜“中方将向委内瑞拉出售24架战斗机，你能否证实？还有报道称，中委两国将设立60亿美元投资基金。你对此有何评论？”姜瑜回答：“关于你提到的中委军贸合作情况，我不掌握。至于查韦斯总统访华期间中委双方将签署哪些合作文件，在明天的签字仪式上将会宣布。”

——保持口径统一。上文已经强调，危机发生后，最

〔1〕参见《如何面对媒体：政府和企业新闻发言人实用手册》，作者：邹建华，复旦大学出版社，2006年10月，P91。

好规定由新闻发言人来统一接受采访，以避免由于口径不统一引起的误解。如果来的记者众多，一一接受采访的效率会比较低，则可考虑召开新闻发布会。这里还要强调下，你在发布会上讲的内容，与发布会结束后私下接受记者采访时说的内容，也需要保持统一。否则，会造成“厚此薄彼”的误解。

——素材提供策略。危机传播过程中，要尽量给记者提供比较丰富的素材，包括新闻统发稿、现场图片和视频资料，尽管不用太过详尽，但至少形式越丰富，越有利于减轻记者的工作压力，也能满足电视、报刊、网络等不同媒体的发稿要求。

巧打比方、反驳问题〔1〕

【对话】记者：美方只是要求中方返还 24 名机组人员，但中方在道歉问题上纠缠到底意味着什么？

杨洁篪：这一事件完全是美方造成的，美方应负完全责任，应向中国人民解释并道歉。就拿美国举例来说，有一个家庭，他的房子的前院有一伙人总是在他家门口的街上开着车徘徊，他们不进他家的院子，但就是日日夜夜、月月年年地在靠近前院的地方开来开去，这个家的人出来查看是怎么回事，结果家人的车子被毁，人也失踪了。我认为，这家人有权问到底发生了什么事，有权做一些检查和调查。你是否认为这一道理成立？如果你认为这一道理成立，我想你能作出非常公正的判断，到底该怪罪谁。至少你应该说声对不起吧。车也毁了，人也失踪了，可你只说一句“事件就是这么发生的”，够吗？

【点评】2001 年，中美发生撞机事件后。中国驻美大使杨洁篪

〔1〕《外交部发言人答问招数破解》，作者：邹建华，人民网，2005 年 7 月 8 日。

接受 CNN 记者采访回答问题时，采用了“步步进逼法”，即通过一步步严谨的推理，致使对方不得不顺着你的观点往下走，最后，显示出其观点是站不住脚的。在这里，杨大使通过家门口有人开车徘徊的比方，巧妙反驳了记者提问中的主观逻辑。

3 善用：如何接受媒体采访

常态下，你和媒体打交道最直接的方式恐怕就是接受采访，无论在公开场合或者私人办公室。当你坐下来跟记者“面对面”的时候，应该已经有所准备、胸有成竹，而不是漫无目的、思绪飞扬。

采访前的准备

关于采访前的准备，有研究者提出，必须要问记者五个关键问题[1]。搞清楚这五个重要问题，你才可能做到心中有底，他们分别是：

——报道的方向和主题是什么：明白这个问题后，你就大体知道记者的采访目的和希望谈的话题，从而有所准备，而不至于漫无目的地闲谈。一般来说，大多数记者也都希望你能有所准备，你能提供的资料越翔实、越深入、越丰富，越有利于他们的采访报道。

——大概准备采访哪些人：知道他大体要采访的人后，你会有所判断，明白他希望从你这里主要了解哪方面的情况。如果有的话题，别的采访对象比你更合适谈，则可以

〔1〕参见《从容面对媒体：让你的媒体亮相尽善尽美》，作者：［美］乔治·莫利斯，中国轻工业出版社社，2005年，P55—58。

适当简略；如果记者还将采访你的竞争对手或者反对者，你就有机会大体判断他们将会说什么，你可以有针对性作出考虑和回应。如果觉得记者的名单不全，则可以适当推荐其他采访对象。

——大概需要多少时间：了解了这个问题，你可以对采访的时间长度有所设定和掌控。记者通常会低估采访所要花费的时间，所以，你可以在约定的时间范围内，灵活掌握、随机应变。因为你事先告诉他们你所拥有的时间。那么控制时间的主动权就掌握在了你手中。

——报道大概有多大篇幅：记者可能是来对你做专访的，那么，报道篇幅或许就会长一些，但多数时候，他们只是要你说几句、表下态，作为报道中可援引的观点之一或者部分事实。大体知道报道的篇幅计划，有利于你合理安排和调整心态，不至于耗费太多精力或者寄予过高的期望。

——需要哪些材料、图片或视频：如果你事先知道什么材料是记者最需要的，采访的时候，你就可以带上它们，而不至于临时想起却为没带在身边而感到遗憾。同时，准备越充分的资料，越容易赢得记者的好感，也越容易减轻你接受采访的负担。

除了上述五个问题外，接受采访前，你还应该重点做好三方面的准备：

1. 列出要表达的观点。接受采访前，应该对记者想要了解的问题形成自己的基本观点。如果一句话可以概括你的一个观点的话，那么，我们建议你在接受一个采访之前，至少得有 3 至 5 句这样的话。而且，这些“关键句”应该是对你有利的正面事实和正面观点，以正面的观点回答提问，你的回答就不可能是负面的。重复主要论点的次数越多，越可能成为记者报道的中心点。

2. 准备好精彩的引语。通俗易懂、生动活泼的“引语”，会让你的讲话更有活力，也有利于强化你的观点，让记者印象深刻，并可能被他们做到标题中去。比如，美国总统罗斯福说的那句名言，“我们唯一恐惧的就是恐惧本身”。

3. 对采访规则有约定。包括掌握媒体的特点、采访目的、发稿方式等基本情况，对接受采访的媒体和记者有所选择（优先选择严肃、公正、影响大和具有代表性的媒体）。此外，还要确定采访的基本范围，明确是否具名发表、是否审稿、刊登篇幅、删减原则等。

采访时的发挥

采访中的技巧是因人而异的，一般来说，越具有个性魅力、越真诚直率的人越容易赢得记者的好感。如何在采访过程中把握节奏和情绪，积极而明确地表达自己的观点，从而达到成功采访的目的，我们建议你注意五个方面的技巧：

1. 内容阐述：三三三原则。即回答采访的内容要点一般不要超过“三个”，否则，容易主题分散；一般来说，回答问题不要太拖沓和详尽，每个问题的回答时间宜控制在“三分钟”；说话过程中，不要太以个人为中心，如果能够援引“三个信息源”，会让你的观点更具有说服力。比如公众怎么看，专家怎么说，政府怎么想。

2. 说话顺序：先主后次。重要的内容先讲，再说次要的，突出最想表达的。在末尾处，可以再提纲挈领地加以重申，把你最想说的内容，以强调、重复的口吻再次予以重申。

3. 素材提供：典型故事。除了给记者提供尽可能多的文字、图片、视频资料外，还需要给他们提供有代表性的素材、故事和案例。新闻报道，其实就是“讲故事”的艺术，报道要好看、耐读，必须有鲜活的事例和生动的细节，如果你在采访中只提供抽象的数据和宏大的理论，显然记者是“吃不饱”的。

4. 语言表达：简练朴实。要尽量避免在采访中使用过多的术语和空话，而多说一些通俗的话，比如少用“流行病”或“瘟疫”，多用“爆发”或“大规模爆发”，少用“部署”、“调配”，多用“派”、“到位”等词汇。

通俗实在、个性表达[1]

【对话】记者：你希望中国人民在你离任之后最记得你的到底是哪个方面？

朱镕基：我只希望在我卸任以后，全国人民能说一句，他是一个清官，不是贪官，我就很满意了。如果他们再慷慨一点，说朱镕基还是办一点实事，我就谢天谢地了……

【点评】朱镕基总理回答记者提问的特点包括：本色、不造作；语言流畅、幽默，即兴发挥；不回避敏感问题；充满道义力量等等。从上述一段回答中可以看出，他的表达非常口语化，没有套话和官腔，而且充满个性色彩。作为官员，在面对记者提问时，能够这样从容、实在地讲话，会赢得更多信赖与好感。

---

〔1〕来源：《朱镕基答记者问》，人民出版社 2009 年。

5. 情感把握：体恤善意。采访中，要充分考虑受众利益和观点，如果能多用“老百姓”这个词，往往能够体现出你“以人为本”的执政观念，或者你作为普通人对别人的体恤和理解。此外，为了拉近你和记者之间的距离，也可以适当肯定记者的问题，说些类似“这是一个很好的问题”、“我同意”、“很有启发”之类的话。

风趣幽默，化解冲突〔1〕

【对话】记者：总理阁下，你们中国人为什么把人走的路叫作马路呢？

周恩来总理：我们走的是马克思主义的路，简称马路。

记者：我们美国人都仰着头走路，为什么中国人总是低着头走路呢？

周恩来总理：这有什么奇怪，美国人走下坡路，当然是仰着走。我们中国人走的是上坡路，当然要低着头走。

【点评】幽默的表达能够增强感染力，塑造个人的亲切形象，也能够在尴尬和冲突时改善气氛，消除对立情绪。对第一个问题，周总理巧用谐音，以开玩笑的方式使记者无言以对；第二个问题，再次以开玩笑方式，化解了记者的诘难，使双方都不觉得尴尬。

采访后的总结

采访结束后，你可以做这些事情，以便让你下一次接受采访更加成功：

——给记者发个邮件或短消息，肯定他的工作，表示

〔1〕参见《如何面对媒体：政府和企业新闻发言人实用手册》，作者：邹建华，复旦大学出版社，2006年10月，P75。

感谢，有利于建立你和记者之间的长期关系；

——关注下记者的报道，比较下你在采访中说的内容和报道文本的差异，由此更好地把握记者的写作特点和所在媒体的报道倾向，有利于下一次接受采访时的策略调整。

——万一记者的报道中有细节失实或者重大错误，也可以及时采取相应措施进行沟通或澄清。

小　结

无论你愿意不愿意，都可能在日常生活和工作中跟媒体打上交道。如果你善解媒体的生产机制和报道特点，就会更理性、平和地看待媒体报道的粗糙或煽情，也对其推动社会发展和民主建设的积极功能更抱有期待。危机发生的时刻，你以善待之心，坚持快速、透明、针对、统一的“及时讲真话”原则，再辅之以相关的发布策略和沟通技巧，有利于你在危机传播过程中减少误会、增进理解。而在接受采访的常态下，精心准备和灵活掌控，会让你更加善用媒体。

后记 >>

本书从策划到出版，历时四年之久，主要原因有两点：一、国内对媒体素养研究自本世纪初才起步，专业研究尚有待深入，大众普及更乏成果可资借鉴，因而组稿、撰稿不太容易；二、多人合作既要协调分工，又要统筹润稿，耗费精力较多。如今，总算“熬”出书稿，心头滋味可谓复杂。

这是一本集体合作的产物，大纲由两位主编草拟商定，各相关章节由多位作者分头撰稿，他们主要是复旦大学新闻学院博士或硕士研究生。第一版书稿完成后，汪凯对章节及内容进行了整体调整、修改和润色，张志安进行了最后的编辑、通稿和定稿，傅盛裕协助进行了校稿。具体每章的撰稿作者如下：

导　言	我们身边的大众传媒	主撰：周婷婷
第一章	镜与灯：媒体世界与现实世界	主撰：周婷婷
第二章	如何避免媒体“刻板印象”的影响？	主撰：谈毅敏
第三章	新闻，关乎一切	主撰：黄东亮
第四章	不可不察的假新闻	主撰：章三文
第五章	借助媒体维护权利	主撰：阴良、尹婧
第六章	媒体里的“煽色腥”	主撰：瞿轶羿
第七章	生活在广告世界中	主撰：刘琼瑶
第八章	怎样行使表达自由？	主撰：李莉娅
第九章	面对媒体侵权的时刻	主撰：王婷婷
第十章	如何与媒体打交道？	主撰：张志安、李莉娅、陈洋钦

本书属教育部人文社科重大课题攻关项目“媒介素质教育理论与实践研究”（项目批准号：04JZD00038）的系列成果，也是复旦大学媒介素质研究中心继《儿童绿色上网家庭手册》之后推出的面向公众普及媒体知识的重要读本。感谢项目组首席专家陆晔教授的全程督促和拨冗作序，以及中心主任谢静副教授的关心与支持，也感谢其他项目组成员为本书提供的直接或间接帮助。

需要说明的是，本书为媒体知识普及型读物，非理论型、研究型著作，参考注释或有遗漏。加之，一些资料来源于网络，无法全部注明，特表歉意和感谢。

是为后记。

2010 年 2 月 18 日